En la
COCINA
de mi MADRE

En la
COCINA
de mi MADRE

Recetas y trucos para recordar los sabores de siempre

DANI GARCÍA

GRUPO ZETA

Barcelona • Madrid • Bogotá • Buenos Aires • Caracas • México D.F. • Miami • Montevideo • Santiago de Chile

1.ª edición: diciembre 2012

© Daniel García, 2012
© de las fotos: Pablo Jiménez Sancho
© Ediciones B, S. A., 2012
    Consell de Cent, 425-427 - 08009 Barcelona (España)
    www.edicionesb.com

Printed in Spain
ISBN: 978-84-666-5193-6
Depósito legal: B. 10.362-2012

Impreso por ROLPRESS

Sumario

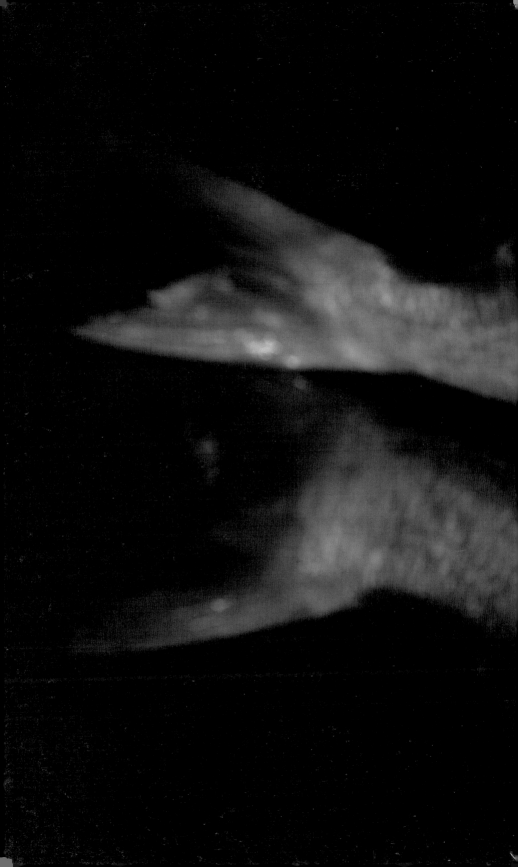

El producto,
la cocina
y la memoria

Del gazpacho al nitrógeno

Mis recuerdos habitan en las cuatro esquinas de una cocina. Las alegrías, las penas, los miedos y los proyectos de futuro... Todo empieza y acaba en una cocina y mesa. Mi madre y yo. Los dos, junto a mi padre y mi hermana, alrededor de un mantel. Suena idílico, pero siempre fuimos una familia unida por la comida y la mía fue una infancia feliz marcada por el amor a los alimentos y su elaboración, el cariño por sus texturas, sus matices y sus posibilidades. La vida pasaba mientras cocinábamos.

Pero yo nunca quise ser cocinero. Mi madre esperaba un arquitecto o un abogado mientras yo soñaba con ser futbolista. Las carreras que ofrecía la universidad no me motivaban, así que elegí la Escuela de Hostelería. Con el tiempo he sabido que mi padre le dijo a mi madre que no se preocupara por mí, que volvería a casa a los tres meses al ver lo duro que era este trabajo. Y razón no le faltaba, porque aún tengo clavada la sensación de fatiga de las primeras semanas en la escuela. Llegaba a casa cansado de ver tanta comida. Fue duro, muy duro, hasta que llegó la primera gran satisfacción: mi primera paella. Entonces empecé a sentirme cocinero.

Mi evolución

Hoy vivo, respiro y busco ideas y conceptos nuevos marcado por mi memoria. Las lentejas con queso, las huevas de jibia, el arroz con conejo recién cazado por mi padre o la ensalada de limón. Un legado familiar mezcla de tradición e improvisación, de fusión de ingredientes por necesidad, que fue aflorando reto a reto, plato a plato, receta a receta, y que ha ido pavimentando los caminos de mi cocina y mi trayectoria profesional. Así que tras los fogones familiares y las primeras experiencias en la cocina hotelera, el aroma de las recetas vascas me llevó hasta Martín Berasategui, que ha sido mi maestro, y después descubrí la cocina francesa, y luego a Ferran Adrià, al que considero un genio, el más grande, y finalmente apareció el nitrógeno líquido.

Ese es mi viaje, mi evolución. Un periplo vital que nace en aquellos días lejanos en los que este proyecto de cocinero hacía sus primeras magdalenas al limón bajo la supervisión de mi madre, las mismas que acaba de aprender a hacer mi hija.

Todo es ciencia

Mi sueño siempre ha sido el mismo. Aunque todo el mundo hable de mi cocina con nitrógeno, mi objetivo es hacer de la cocina andaluza, de su riqueza, sus materias primas y sus matices inagotables, una referencia global y una cocina preparada para el siglo XXI. Dar forma a la tradición más vanguardista y perseguir la vanguardia más tradicional. Esa es mi visión, mi filosofía. Una tradición en permanente cambio que me enseñó a ser feliz cocinando.

Porque una mayonesa también es cocina molecular, y un gazpacho, y un salmorejo. Eso es lo que he aprendido en el camino de la mesa de mi madre a la del Calima, mi restaurante y laboratorio de Marbella. Todo es ciencia: desde una receta futurista a base de nitrógeno líquido hasta el gazpacho tradicional de toda la vida. La única diferencia es que, hace cincuenta años, nadie, ni el público ni los cocineros ni la crítica gastronómica, se preguntaba el porqué de las cosas.

Cocinar con sabiduría

¿Por qué suben los milhojas? ¿Por qué se inflan los buñuelos? ¿Por qué sale bien una tortilla de patata? Las amas de casa, como mi madre, como tantas otras madres españolas, son las verdaderas heroínas de la cocina española.

La alta cocina y los cocineros de nuestra época dominan la técnica y la innovación, pero su conocimiento no es comparable al saber hacer de un ama de casa curtida en su cocina. Para mí es algo mágico. Su sabiduría intrínseca, su manejo de las soluciones creativas y, sobre todo, su experiencia. Es ahora cuando me doy cuenta de que hay técnicas que las amas de casa se saltan constantemente para que, de forma mágica, el resultado siempre sea bueno. Para cocinar importan la sabiduría, el olfato y la experiencia; importa el producto. Y no dejar nunca de aprender. Mi madre lo sabe y así crecimos, con lo que había en la despensa y en el mercado, apurando restos y mezclando sabores.

Mi memoria gastronómica

Han pasado casi treinta años pero aún tengo vivo el recuerdo de las visitas familiares al mítico restaurante Litri, en Trebujena, que siempre nos reservaba las mejores angulas. Nada más llegar, mi padre repetía una de sus frases favoritas: «Nunca he visto tantas juntas.» Mi madre respondía asintiendo con una sonrisa de complicidad. Eran otros tiempos.

Otra constante en mi memoria gastronómica es el bacalao en remojo. El barreño, el agua y el color blanco. Todavía se me pone la piel de gallina recordando mi emoción infantil al descubrir el barreño en la cocina de mi madre. Era la prueba irrefutable de que al día siguiente comeríamos tortitas de bacalao, un clásico de la cocina andaluza y uno de mis platos favoritos.

Mi gran recuerdo de aquellos años es la compra de los sábados. La compra real, la del mercado. Era lo que más me gustaba del mundo. Los tomates y el pepino para el gazpacho, las jibias con sus huevas, las conchas finas, los boquerones de la playa de la Victoria, los caracoles, las sardinas, el marisco, las coquinas para las cazuelas con fideos... Era el momento sagrado de la semana.

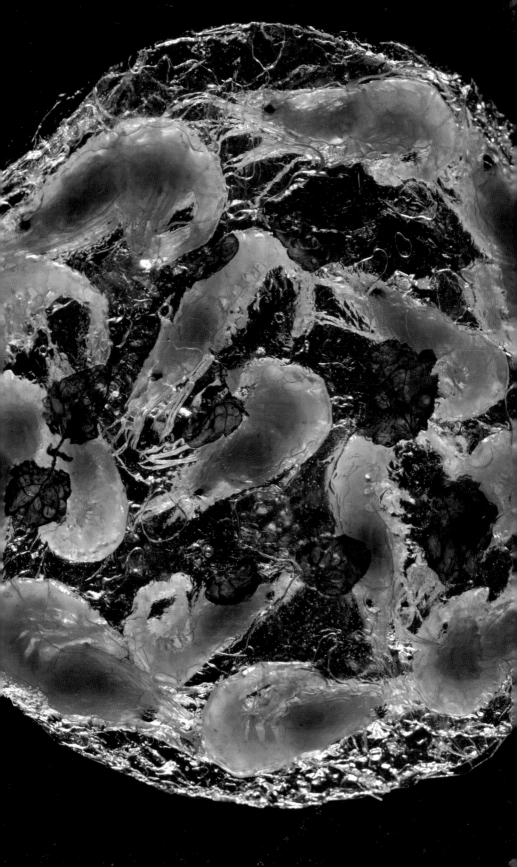

Sabores y sensaciones

Buceando en mis recuerdos encuentro otros muchos sabores y sensaciones. Las cenas a base de tapas, que nosotros llamábamos tapeítos, y que solíamos organizar los días que jugaba el Barça de mis amores (este libro incluye una sugerencia de tapeo casero con algunos de aquellos platos). El bacalao en remojo del que ya os he hablado. El olor de las aceitunas aliñadas. Las granadas con zumo de naranja. Los viajes a por anchoas en sal a Estepona. El inolvidable «pollo a empujones» de mi madre, cuya preparación también está incluida en este recetario.

Se me escapa una sonrisa al acordarme de que todas las tardes de invierno mi hermana les pedía a mis padres que le hicieran leche frita o arroz con leche. En aquella época yo hacía ya mis primeros pinitos con los hojaldres y los postres caseros, pero sobre todo cogía el tenedor para marcar y cerrar las empanadillas. ¡Me encantaba hacerlo! Ese era mi campo de acción. Trastear, preguntar y probarlo todo.

Si tienes memoria, las cosas te salen bien

Ese amor por los contrastes forma parte del sustrato de mi universo gastronómico y es la base de la carta de mi restaurante Calima. Los tomates al nitrógeno líquido rellenos de pipirrana, los lingotes de oro de aceite y mantequilla, la piel de naranja rellena de ostras, el ajoblanco cuajado con palomitas nitro de litchis, las tortillas de camarones con shiso o el gazpacho ligado con percebes y regaliz son el resultado de mi experiencia y de mi origen familiar. Estos platos nacen de mis recuerdos de infancia, de mi educación gastronómica en la cocina y la mesa de mis padres.

Todo nace en la mesa en torno a la que nos reuníamos. Es ahora cuando me doy cuenta de que si tienes memoria, las cosas te salen bien. La cocina se basa en ese hecho simple pero básico: la satisfacción. Esa es nuestra filosofía. Siempre hay una razón. En la cocina nada es gratuito.

Cada alimento, a su tiempo

Las alcachofas de comienzos de año, los preciados boquerones «vitorianos» que llegan a la costa malagueña con el final del verano, las angulas que anuncian el invierno… Siempre he creído y sigo creyendo en la estacionalidad de cada cosa. Mi familia se construyó con esas fechas marcadas en el calendario. Es un ritual muy especial. Cada alimento, en su momento. Cuando llegan las primeras cerezas, los nísperos o las ciruelas. O cuando, después de unos meses, volvemos a probar sabores inconfundibles, como el de las sardinas al espeto, que se deben tomar solo en verano aunque mucha gente las coma durante todo el año. Citando a mi madre, los espetos son para los meses que no tienen la letra R (mayo, junio, julio y agosto), como mandan los cánones.

¡Hay que saber que las castañas asadas cantan el fin del verano! ¡Que los potajes de bacalao, aunque no es de temporada, nos indican que estamos rondando la Semana Santa! ¡Y que los gazpachos llegan a nuestra mesa para refrescarnos a partir de primavera!

Y así, muchos momentos que llevan consigo una época y un momento del año.

Primavera

Carnes	Frutas	Pescados	Verduras
Capón, conejo de granja, gallina, pato de granja, pavo, pichón de granja, pintada de granja, pollo, pularda.	Almendra, avellana, cacahuete, cereza, ciruela, coco, dátil, frambuesa, fresón, higo, limón, manzana, naranja, níspero, nuez, orejón, pera, piña, plátano, pomelo.	Bacalao, bígaros, boquerón, calamar, cangrejo de mar, caracolas de mar, cigala, conchas finas, congrio, gallo, gambas, langosta, langostino, lenguado, lubina, mejillón, merluza, mero, pulpo, quisquilla, rape, rodaballo, salmón, salmonete, jibia, trucha.	Acelgas, aguacate, ajo, alcachofa, apio, berenjena, calabacín, cebolla, cebolleta, coles de Bruselas, coliflor, champiñón, espárrago, espinacas, guisantes, habas, judías verdes, lechuga, patatas, pepino, pimiento, puerro, remolacha, tomate y zanahoria.

Verano

Carnes	Frutas	Pescados	Verduras
Capón, conejo de granja, codorniz de caza, gallina, pato de granja, pavo, pichón de granja, pintada de granja, pollo, pularda.	Albaricoque, cereza, ciruela, coco, frambuesa, fresas, fresón, granada, grosellas, higo, melocotón, melón, nectarina, níspero, pera de San Juan, picota, piña, pomelo, sandía, uvas, moras.	Atún, berberechos, bígaros, bonito, boquerón, calamar, cangrejo de mar, caracolas de mar, carabinero, cigala, conchas finas, congrio, gallo, gambas, langostino, lenguado, lubina, mejillón, merluza, mero, palometa, pulpo, rape, rodaballo, salmonete, sardina, jibia, trucha.	Aguacate, ajo, berenjena, calabacín, col, guisante, judías verdes, lechuga, pepino, pimiento, rábano, remolacha, tomate y zanahoria.

Otoño

Carnes	Frutas	Pescados	Verduras
Capón, codorniz, conejo, faisán, gallina, liebre, pato, pavo, perdiz, pichón, pintada, pollo, pularda.	Almendra, avellana, cacahuete, caqui, castaña, dátil, granada, higo, limón, mandarina, manzana, melón, membrillo, naranja, nuez, pera, piña, piñones, plátano, pomelo, uvas.	Almejas, atún, berberechos, bígaros, besugo, boquerón, calamar, cangrejo de mar, caracolas de mar, centollo, cigala, conchas finas, congrio, chipirón, chirlas, gambas, langostino, lenguado, lubina, mejillón, merluza, mero, ostra, percebe, pescadilla, rape, rodaballo, jibia, vieira.	Acelgas, alcachofas, apio, berenjena, boniato, calabacín, calabaza, col de Bruselas, coliflor, endibia, escarola, lechuga, nabo, patatas, pimiento, repollo, zanahoria y setas.

Invierno

Carnes	Frutas	Pescados	Verduras
Becada, capón, codorniz, conejo, faisán, gallina, jabalí, liebre, pato, pavo, perdiz, pichón, pintada, pollo, pularda.	Almendra, avellana, cacahuete, castañas, ciruela, clementina, chirimoya, dátil, granada, higo, lima, limón, mandarina, manzana, naranja, nuez, orejón, pera, piña, plátano, pomelo, uva, uvas pasas.	Almejas, angulas, bacalao, besugo, bígaros, bogavante, caballa, calamar, carabinero, caracolas de mar, centollo, cigala, conchas finas, congrio, chirlas, gambas, langosta, langostino, lenguado, lubina, mejillón, merluza, mero, navaja, ostra, pescadilla, rape, rodaballo, jibia, trucha, vieira.	Acelgas, ajo, alcachofa, apio, berenjena, boniato, brócoli, calabacín, calabaza, cardo, cebolla, coles de Bruselas, coliflor, champiñón, endibia, escarola, espinacas, nabo, patatas, pimiento, puerro y remolacha.

Los secretos de la materia prima

Los tiempos cambian y las costumbres se pierden. La época en la que iba al mercado con mi madre es muy distinta de la que vivimos ahora. Como cualquier familia de una población relativamente pequeña, como era el caso de Marbella, teníamos nuestras tiendas preferidas y nuestros mercados favoritos. Pero aun así no nos daba pereza viajar: íbamos hasta cualquier sitio por conseguir el producto que queríamos, el que de verdad nos gustaba. Ya fuera a por anchoas a Estepona, aceite de oliva al desierto de Tabernas o angulas a Trebujena. Todavía recordamos las cazuelas que hacía mi padre. Llegábamos a casa y él se iba a la cocina a separar las angulas en raciones y meterlas en cazuelas, donde morían.

Saber reconocer un buen producto es cuestión de tiempo. He necesitado muchos sábados por la mañana con mi madre en el mercado hasta aprender todos sus trucos. La frescura de un pescado se ve de lejos, sobre todo si has nacido en un sitio marinero como Marbella. Cuando yo era pequeño, mi padre me mostraba los peces aún vivos en las redes de los pescadores. Así aprendí a distinguir la belleza del pescado fresco: el brillo de las escamas, los ojos saltones, las agallas rojizas y vivas.

Cultivar la confianza

En cuanto a otro tipo de alimentos, como la fruta y la verdura, hay que abrir bien los ojos y fijarse en los que saben. Es clave tener confianza en la persona que nos vende. Hay que trabajar esa relación para que, nunca mejor dicho, dé sus frutos. Siempre he visto a mis padres cultivar el trato: creer en el comerciante que te despacha fruta y verdura es importantísimo.

El aceite, por supuesto, merece capítulo aparte. Aquí importa su capacidad para emocionarnos. Su sabor y su aroma. Las variedades andaluzas de aceite de oliva virgen extra son interminables. Para freír, los aceites de Picual y Hojiblanca son infalibles —aguantan mucho más antes de quemarse—, y para las ensaladas, Arbequina, el top de la elegancia y la frutosidad.

El valor de los restos

Algunos de los mejores recuerdos de mi infancia se sitúan en el camping donde pasábamos los veranos. Recuerdo especialmente el ritual de cada noche, cuando los padres de todos los amigos se juntaban y decían: ¿Tú qué tienes? ¿Y tú? ¿Y tú? Y así, entre los restos de una caravana y de otra, juntábamos la cena de cada día. La clave para sacar partido a las sobras es saber aprovecharlo todo: los boquerones fritos que al día siguiente se meten en escabeche; la pringá del puchero, convertible y válida para mil y una preparaciones, tan modernas como el rollito vietnamita o tan clásicas como una croqueta casera; los garbanzos del cocido del puchero de ayer, machacados y aliñados hoy con limón. Son recetas riquísimas inventadas muchas veces por las madres de familia de antaño, auténticas maestras en el arte de la economía doméstica.

A mi madre le da coraje cuando piensa en las raíces de la cocina andaluza porque le parece que es una cocina de pobres. Yo nunca lo he visto así: para mí la cocina de subsistencia es la raíz de la creatividad. Tal vez esta diferencia de criterios sea, simplemente, una cuestión generacional.

El milagro del puchero

Del puchero (o del cocido, en cada sitio se llama de una manera) se puede, y se debe, aprovechar casi todo:

— Unas rebanadas de pan de hogaza y una ramita de hierbabuena le dan un aire distinto al caldo sobrante del día anterior.

— Con los garbanzos podemos preparar una riquísima pasta que recuerda al humus libanés. Solo hay que añadir aceite de oliva virgen, unas gotas de limón y unos granitos de sésamo.

— El cerdo, el pollo, la ternera o el tocino cocinados en el caldo sirven de base, junto con una refrescante pipirrana, para un original rollo vietnamita.

— Las croquetas de puchero son un clásico bien conocido en todas las familias.

— El caldo también puede servir para hacer sopa de ajo. Solo necesitamos huevo, pan tostado, ajo crudo y pimentón dulce.

Todas estas recetas están explicadas en el apartado correspondiente.

Primavera

Empanada de sardinillas con cebolla confitada

El debate familiar

En mi casa arrastramos desde hace años un encendido debate sobre cuándo se deben comer sardinas. Aunque parezca increíble, siempre discuto con mi madre por este tema. Nos encanta el sabor de este pescado, por lo que nos gustaría comerlo muy a menudo pero, al mismo tiempo, somos muy exigentes con el sabor, que tiene que ser perfecto. De ahí la polémica.

La teoría de mi madre

Para mi madre, las sardinas son un asunto serio. Es muy radical en su postura y no admite excepciones. Le gusta utilizarlas solo en mayo, junio, julio y agosto, cuando contienen una mayor cantidad de grasa y son más sabrosas. Es lo que dicta el canon: las sardinas son para los meses que no tienen la letra R. El sabor de este pescado alcanza su punto álgido en la temporada más cálida del año, cuando las tardes son largas y apetece disfrutar de un buen espeto a la brasa en la playa a la caída del sol.

Lo que digo yo

Es indiscutible que los meses «oficiales» son los mejores para preparar sardinas asadas. El extra de grasa en el cuerpo de los peces es ideal para este tipo de preparación, que a menudo se hace al aire libre por el fuerte olor que desprenden. Sin embargo, para recetas como la de esta empanada, en las que se emplea la técnica de cocción, podemos ser un poco más flexibles y usar perfectamente cualquier sardina de primavera. Así podemos prolongar en el año el placer de comer este pescado azul.

Ingredientes (4 personas)

Para el relleno:
· 2 latas de sardinillas
· 2 cebollas
· 200 ml de nata
· 2 láminas de bacon ahumado
· c/s de aceite de girasol

Para la masa:
· 250 g de harina de trigo
· 20 g de levadura química
· 50 ml de leche
· 100 ml de agua templada
· Ralladura de una naranja
· c/s* de sal

Elaboración

El relleno:
- Cortar la cebolla lo más fina posible y poner en una olla con aceite de girasol. Dejamos a fuego lento durante un buen rato hasta que se confite del todo (que esté muy tierna).
- A continuación la colamos (el aceite de girasol que sobra lo podemos reutilizar para otra cosa, teniendo en cuenta que sabe mucho a cebolla). En otra sartén ponemos un poco de ese aceite de cebolla y añadimos el bacon cortado muy finito. Lo sofreímos un instante.
- Añadimos la cebolla y la nata a la sartén del bacon y cocemos hasta que la nata reduzca del todo. Pondremos entonces el punto de sal. Añadimos las sardinas enteras en el relleno.

* c/s: cantidad suficiente

La masa:

- Mezclar la levadura en el agua hasta que se disuelva totalmente. Una vez disuelta ir echando poco a poco sobre la harina sin parar de trabajarla con las manos. Añadir a continuación la ralladura de naranja. Cuando vemos que empieza a coger forma la sacamos del cuenco y la ponemos en una mesa para seguir trabajándola con la ayuda de un poco más de harina.
- Podemos hacer empanadas individuales, que son más sencillas de cocer, o una empanada grande cubriendo una bandeja de horno con la masa (que no debe tener un grosor mayor de 0,5 cm). Ponemos el relleno encima y cubrimos de masa igualmente. La cerramos pellizcando con los dedos sobre los filos de la masa.

El consejo de mi madre

Es importante elegir las sardinas más pequeñas que encontremos. Para darle un toque muy especial a este plato, el truco es verter aceite de oliva bien caliente sobre las sardinas y dejar que se enfríe sin retirar el pescado. Esta cocción, que podríamos llamar «tímida», extrae de las sardinas un sabor intenso.

Ensalada de limones cascarúos

El recuerdo

Los limones cascarúos forman parte del paisaje de la Semana Santa malagueña. Se llaman así porque tienen la cáscara más gruesa de lo normal. De niño, cuando mis padres me llevaban al centro de Málaga los días de procesiones, me llamaba mucho la atención el amarillo intenso de los puestos callejeros donde se venden estos limones. La tradición manda tomarlos pelados, dejando un poco de lo blanco, desgajados en tres o cuatro cortes y con un poco de sal por encima. Es una variedad de limón bastante suave, por lo que el sabor no resulta tan fuerte como pueda parecer.

El producto

Son limones muy gordos, con mucha piel y un sabor único, con la acidez controlada y un maravilloso toque dulzón. Estas características los hacen ideales para repostería, zumos, ralladuras o, como en este caso, incluso ensaladas. Crecen en las huertas regadas por el río Guadalhorce y son una fruta muy auténtica, muy malagueña y poco conocida en otras zonas.

Mi propuesta

Esta ensalada nos permite disfrutar del sabor de estos limones en toda su intensidad. Cierro los ojos y me veo caminando por las calles de Málaga con mi limón, pelado y con un punto de sal, en la mano. Es un plato muy especial, vinculado a los recuerdos de la infancia.

Ingredientes (4 personas)

· 2 limones cascarúos (gordos, dulces y con mucha cáscara)
· c/s de sal
· c/s de aceite de oliva virgen extra

Elaboración

■ Sacar con cuidado los gajos de los limones, ponerlos en un plato y aliñar con un poco de sal y de aceite de oliva. En el caso de no encontrar limones cascarúos o que estén más ácidos de lo normal, se puede añadir un poco de azúcar.

El consejo de mi madre

Si se desea, se pueden añadir unas hojitas de hierbabuena por encima. Le dan un punto muy especial al plato y, además, aportan colorido a la presentación.

Ensalada de bacalao con naranja y aceitunas

Sabor malagueño

Resulta difícil encontrar algo más típico de Málaga que la ensalada de bacalao con naranja y aceitunas negras, regada en aceite de oliva. ¡No es casualidad que esta ensalada se conozca popularmente como «ensalada malagueña»! La clave de este plato es la unión perfecta entre el sabor salado del bacalao con el dulzor de la naranja. Para chuparse los dedos.

Cómo lo hacía mi madre

En casa comíamos la receta de toda la vida, que a mi madre le sale buenísima, con patata cocida, huevo duro, cebolleta, bacalao, naranja, aceitunas y aceite de oliva virgen. Se toma bien fresquita, por lo que es ideal para los meses de primavera y verano.

Mi nueva receta

Las aceitunas me gustan tanto que propongo convertirlas en parte del aliño. Por eso mezclaremos pasta de aceitunas con aceite de oliva virgen extra. También podemos mejorar este plato si cocemos el bacalao en el microondas. Sí, como suena, este electrodoméstico tiene muchas posibilidades si sabemos usarlo bien. Para el bacalao es perfecto. Basta con poner la pieza en un plato hondo, con un poquito de agua y una ramita de romero, y cocerlo dos minutos y medio a 800 W. El resultado, impecable.

Ingredientes (4 personas)

· 1 lomo de bacalao de unos 300 g aprox.
· 1 ramita de romero
· 1 patata
· 1 naranja
· 1 cebolla
· c/s de pasta de aceitunas negras
· c/s de cebollino picado
· c/s de aceite de oliva virgen extra
· Unas hojas de endibia
· c/s de sal

Elaboración

■ Poner el bacalao en un plato hondo con un poquito de agua y una ramita de romero, taparlo con film transparente y meter en el microondas dos minutos y medio a 800 W. A continuación, sacar las lascas del bacalao y reservar en frío cubriéndolo con aceite de oliva.

■ Para preparar la guarnición, hay que lavar bien las patatas y cocerlas enteras con su piel hasta que estén tiernas. Una vez frías, cortarlas en cascos.

■ Pelamos la naranja y la cortamos en gajos y picamos muy fina la cebolleta.

■ Mezclamos la pasta de aceitunas con el aceite de oliva virgen extra.

■ Para la presentación, ponemos en un plato las hojas de endibia. Disponemos en el centro las lascas de bacalao en aceite, los gajos de naranja, la patata y la cebolleta recién cortada. Terminamos añadiendo el aceite de aceitunas negras.

El consejo de mi madre

Quedan muy bien unas hojas de endibia como base de la ensalada. El sabor combina a la perfección con el de los demás ingredientes y la textura aporta un punto crujiente que le viene muy bien a este plato.

Guisantes estofados a la menta

El recuerdo

Cada primavera, mi madre compra guisantes frescos, con su vaina, para preparar un buen estofado. Nada de guisantes congelados o de lata, por favor. La clave para que este plato desprenda todo su sabor (en realidad es la clave de todos los platos de este libro) es utilizar una materia prima de calidad y de temporada.

Cuando éramos niños, mi madre nos pedía que la ayudáramos a pelar los guisantes. Así le echábamos una mano y, de paso, nos tenía entretenidos. Siempre que pruebo este estofado recuerdo el sabor (muy dulce, muy rico y con el encanto que tienen las cosas secretas, por muy tontas que sean, cuando somos pequeños) de los guisantes crudos que me iba tomando a escondidas mientras vaciaba las vainas. «¡Qué pocos guisantes has pelado, hijo!», me decía mi madre. Mi hermana, sentada a mi lado, se partía de risa. Y es que, ya se sabe, pelas tres y comes uno, y así...

Mi nueva receta

Podemos usar un truco muy sencillo para trabar los guisantes y mejorar la textura: hacer un puré con parte de la verdura y mezclarlo con los guisantes enteros. El resultado es sorprendente. Un poco de mantequilla aporta cremosidad a la mezcla. Otra buena idea es añadir unas hojas de lechuga al estofado, teniendo siempre presente que encogen mucho con la cocción. El sabor de la menta completa una receta sana y deliciosa.

Ingredientes (4 personas)

· 100 g de guisantes para licuar
· 300 g de guisantes para estofar
· 1 chalota
· c/s de mantequilla
· c/s de sal
· c/s de aceite de oliva virgen extra
· c/s de hojas de menta fresca

Elaboración

■ Para comenzar, se cuecen los primeros 100 g de guisantes en agua con sal durante 5 minutos. A continuación los sacamos y enfriamos. Una vez fríos se pasan por la licuadora para obtener el jugo donde estofaremos el resto de guisantes.

■ Para los otros 300 g de guisantes, ponemos un poco de mantequilla en una cazuela para sudar la chalota picada fina previamente. Añadimos los 300 g de guisantes enteros y fondeamos en la mantequilla durante un minuto.

- A continuación, añadimos el jugo de guisantes y dejamos cocer durante unos minutos hasta que quede ligado.
- Infusionar en el último momento con unas hojas de menta.

El consejo de mi madre

Los guisantes con jamón son un clásico de la cocina familiar española. En lugar de los habituales taquitos, me gusta terminar el plato con unas láminas de jamón bien crujiente encima de la verdura.

Espinacas esparragadas con garbanzos

La cocina de vigilia

El potaje de espinacas con garbanzos es uno de los platos más típicos de la Semana Santa. ¡Cuánto debe la gastronomía a las costumbres culinarias de estas fechas! La prohibición de tomar carne durante los días de vigilia hizo que nuestras madres y abuelas se convirtieran en auténticas maestras en el arte de preparar recetas magníficas, cuyo sabor suplía con creces la presencia de los ingredientes no permitidos.

¿Un sacrificio?

Durante mi infancia, en mi casa se respetaban a rajatabla las normas de abstinencia durante estos días. Porque era lo que dictaba la tradición pero también, por qué no admitirlo, porque nos encantaba la cocina de vigilia: sopa de ajo, potaje de vigilia, buñuelos de bacalao, torrijas, pestiños... Cuando sabíamos que se aproximaba el Domingo de Ramos no pensábamos que empezaban unos días de privaciones gastronómicas, sino más bien todo lo contrario. Las espinacas con garbanzos, en concreto, nos gustaban tanto que las comíamos también en otras fechas, aunque no fuera Semana Santa.

Este plato reúne varias condiciones que lo hacen casi perfecto. Está riquísimo, es muy barato y desde el punto de vista nutricional resulta imbatible, ya que combina legumbres, verduras y, si le añadimos un huevo cuajado, también proteínas. Y es que nuestras abuelas no tenían un pelo de tontas...

Ingredientes (4 personas)

· 250 g de espinacas frescas
· 50 g de almendras con piel
· 4 rebanadas de pan
· 5 hebras de azafrán
· 2 dientes de ajo
· ½ cucharadita de pimentón
· Un chorreón de vinagre de Jerez
· 180 g de caldo de puchero (receta en la página 144)
· 150 g de garbanzos de puchero (receta en la página 144)
· c/s de aceite de oliva virgen extra
· c/s de sal

Elaboración

■ Cocemos las espinacas con abundante agua con sal. La cocción debe durar solo unos segundos. Las sacamos rápidamente y las metemos en agua con sal y hielo para cortar la cocción. Escurrimos bien y reservamos.

■ A continuación freímos en el aceite de oliva las almendras con piel, luego los ajos pelados y finalmente las rebanadas de pan (todo en la misma sartén).

■ Metemos el majado en un mortero y trituramos poco a poco añadiendo las hebras de azafrán, el pimentón dulce, el vinagre de Jerez y un poco de caldo de puchero. Si no queremos hacerlo con el mortero se puede hacer perfectamente con una túrmix y quedará mucho mas fino.

- Después ponemos un poco de aceite de oliva en una sartén y salteamos las espinacas durante un minuto, añadimos el majado que hemos preparado y cocemos unos minutos más.
- Finalmente añadimos los garbanzos que hemos reservado del puchero.

El consejo de mi madre

Un huevo cuajado es el broche perfecto para un buen potaje de espinacas con garbanzos. Hace el plato más untuoso y contundente. También es una manera práctica de adaptar este guiso al apetito de cada miembro de la familia.

Caracoles guisados con almendras

El recuerdo

En la casa donde crecí, como en muchas viviendas de entonces, había un lavadero junto a la cocina. Era allí donde mi madre purgaba los caracoles. Para los que nunca hayan preparado estos moluscos en casa, aclaro que no se trata de limpiarlos y quitarles la baba, sino de tenerlos un par de días con una dieta «purgante» para que expulsen de sus intestinos cualquier elemento tóxico que hayan tomado con anterioridad (hojas de hiedra, setas venenosas...).

A mí me encantaba ver cómo esos bichitos tan pequeños se comían el plato de harina que mi madre les ponía. Para un niño cualquier cosa es una atracción nueva en casa. Volver del colegio y encontrar los caracoles significaba, además, que mi madre prepararía una buena cantidad y podríamos disfrutar de este guiso en abundancia durante los días siguientes.

El aprendizaje

Recuerdo la silueta de mi madre, de espaldas, limpiando los caracoles después de purgarlos, dejándolos listos para cocinar con un riquísimo majado de almendras... Haciendo memoria, me doy cuenta de que pasé la mitad de mi infancia enredando en la cocina de mi madre. Tomándome todo como un juego (bien fuera mirar a los caracoles o pelar vainas de guisantes) fue como nació mi vocación gastronómica.

Ingredientes (4 personas)

· 600 g de caracoles
· 125 g de almendras con piel
· 4 rebanadas de pan
· 5 hebras de azafrán
· 2 dientes de ajo
· ½ cucharadita de pimentón dulce
· c/s de caldo de puchero
· c/s de vinagre de jerez

Elaboración

■ En primer lugar preparamos los caracoles. Para ello hay que lavarlos bien y ponerlos en un cacharro amplio con un poco de harina durante al menos dos días, añadiendo harina cada 12 horas. Esto se hace para que coman harina con la intención de que queden limpios por dentro. Una vez terminado este proceso, que se denomina «purgado», los lavamos bien con abundante sal, zumo de limón y vinagre.

■ A continuación preparamos el guiso con almendras. Freímos en el aceite de oliva las almendras con piel, luego los ajos pelados y finalmente las rebanadas de pan (todo en la misma sartén).

■ Lo trituramos poco a poco en el mortero añadiendo las hebras de azafrán, el pimentón dulce, el vinagre de jerez y un poco de caldo de puchero. Si no queremos hacerlo con el mortero se puede hacer perfectamente con una túrmix y quedará mucho más fino.

■ Ponemos los caracoles a cocer en un poco de caldo de puchero a fuego muy bajo para que vayan saliendo poco a poco. Cuando estén saliendo de la cáscara se sube el fuego al máximo.

■ Se cuecen durante unas dos horas y se añade en el último momento el majado que hemos preparado anteriormente con las almendras.

Sopa de marisco al Pernod

La visita al mercado

Lo mejor de esta sopa es que se puede hacer con cualquier tipo de marisco. Podemos decidir qué echar en la olla mientras apreciamos la materia prima en la pescadería. Este es el mejor modo de llevarnos a casa el mejor producto, sin sentirnos obligados a cumplir ninguna receta al pie de la letra, y conseguir un sabor extraordinario. Así lo hacía mi madre, que cambiaba la composición del caldo según lo que hubiera visto en su visita al mercado.

La receta de mi madre

Para ella esta sopa solo tiene un ingrediente imprescindible: las gambas. Siempre compra una buena cantidad, sean los que sean los demás mariscos. Usa las cabezas y las cáscaras para el caldo, guardando los cuerpos para usarlos como tropezón. También es importante añadir a la sopa un buen majado hecho en el mortero.

Mi toque

Mi nota personal es un toque de licor con aroma. Mi preferido es el Pernod, con ese punto anisado y aromático tan rico que, añadido en el último momento, es el toque final perfecto para esta sopa.

Ingredientes (4 personas)

Para el caldo o fumet:
· Las cáscaras de los 150 g de gambas
· ¼ kg de cangrejitos
· 800 g de mejillones
· 1 limón
· Vino blanco
· 1 hoja de laurel
· c/s de pimienta negra
· 1 cucharadita de pimentón dulce
· c/s de aceite

Para la sopa:
· 1 diente de ajo
· ½ cebolla
· 2 tomates maduros
· 1 pimiento verde
· ¼ de kg de calamares
· 100 g de almejas chirlas
· Los cuerpos de 150 g de gambas
· 1 l de caldo o fumet
· Los cuerpos de 800 g de mejillones
· c/s de Pernod
· c/s de sal

Elaboración

■ Limpiamos los mejillones y los cocemos en una olla con un poquito de agua, un chorrito de vino blanco, una hoja de laurel, un
limón cortado en cuatro y unos granos de pimienta negra.

- Los tapamos y ponemos a fuego medio. Según se vayan abriendo poco a poco, los vamos sacando rápidamente y guardamos los cuerpos de los mejillones para añadir como tropezón a la sopa.
- Ponemos las cáscaras de las gambas en una sartén y las salteamos a fuego vivo. Añadimos los cangrejitos y salteamos durante 30 segundos más.
- Añadimos una cucharadita de pimentón dulce, cubrimos con el caldo de los mejillones (si es necesario añadimos un poco de agua) y hervimos durante 30 minutos. Colamos y reservamos.
- Sofreímos en una cazuela el ajo, la cebolla y el pimiento verde, todo ello picado fino. Añadimos el tomate picadito y cocemos hasta que quede el sofrito reducido.
- Añadimos los calamares y sofreímos 5 minutos.
- Añadimos el fumet y dejamos cocer 3 minutos.
- Añadimos las almejas y dejamos cocer 3 minutos.
- Añadimos las gambas crudas y los mejillones y dejamos cocer 2 minutos.
- El tiempo total de cocción tras echar el fumet es de 8 minutos, pero vamos añadiendo los tropezones en su momento para que tengan el punto justo. Al servir ponemos un toque de Pernod.

Albóndigas con salsa de almendras

El recuerdo

El plato verde que usaba mi madre para cocinar está grabado en la memoria de mi infancia. Rebanadas de pan, dientes de ajo y almendras sobre la superficie verde. Todo bien frito, listo para el majado. Y cómo me gustaban las almendras fritas (con su piel, por favor). Siempre cogía del plato todas las que podía antes de que mi madre las machacara. ¡Menudas broncas me caían! Lo cierto era que podía comerme tantas, si ella se despistaba, que a menudo tenía que volver a freír unas pocas para hacer el majado.

La carne

La clave de unas buenas albóndigas, aunque suene obvio, es la calidad de la carne. No podemos disimular con una salsa deliciosa el sabor de una materia prima mediocre. No funciona. Un buen truco es mezclar varios tipos de carne.

Mi propuesta

Uno de mis últimos descubrimientos es la carne de ganso ibérico. También llamado oca, abunda en las marismas del Guadalquivir y es la base de algunos platos típicos de la zona, como la sopa de ganso. También se puede usar para hacer paté, cecina en aceite o escabeche. El sabor y el punto de grasa de este manjar resultan ideales para hacer unas albóndigas tiernas y riquísimas.

Ingredientes (4 personas)

Para el majado:
· 100 g de almendras con piel
· 4 rebanadas de pan
· 2 hebras de azafrán
· 2 dientes de ajo

Para las albóndigas:
· 200 g de ternera picada
· 200 g de contramuslos de pollo deshuesados y picados
· 100 g de carne de cerdo
· 3 dientes de ajo
· c/s de perejil picado
· c/s de huevo
· c/s de pan rallado
· c/s de harina
· ¼ de litro de caldo de puchero
· 125 g de miga de pan casero
· 350 g de leche
· 150 g de nata fresca
· c/s de sal

Elaboración

■ Primero preparamos el majado. Freímos en aceite de oliva las almendras con piel, luego los ajos sin piel y, finalmente, doramos las rebanadas de pan. Lo metemos todo en el mortero y lo vamos triturando poco a poco añadiendo las hebras de azafrán y ayudándonos con un poco de caldo.

■ Para las albóndigas, picamos el ajo y el perejil. A continuación empapamos la miga de pan con la leche y la nata y la escurrimos. Lo mezclamos con la carne y hacemos bolas que pasaremos por harina, huevo bien batido y, por último, pan rallado. Las freímos y reservamos.

■ Para terminar, añadimos el majado y un poco de caldo sobre las albóndigas fritas. Lo dejamos cocer a fuego medio durante unos 10 minutos hasta que la salsa quede espesita. Si se desea, podemos añadir un poco de colorante si el azafrán no nos da el color suficiente.

El consejo de mi madre

Mezclando un poco de cerdo ibérico con la carne de ternera nos salen unas albóndigas espectaculares, sabrosas y tiernas.

Huevos a la flamenca

El recuerdo

Los huevos a la flamenca son una cena perfecta. Las noches que tomábamos este plato eran, en cierto modo, especiales. Aún recuerdo las cazuelas de barro que usaba mi madre y lo mucho que me gustaba de niño la mezcla de sabores de los guisantes, el tomate, el chorizo y el huevo.

Los ingredientes

El secreto de los huevos a la flamenca es una buena salsa de tomate casera. Es el hilo conductor del plato. Y el único truco para prepararla es dedicarle tiempo, dejar que el tomate suelte su jugo y se vaya concentrando, buscando el equilibrio de sabores. Hay cosas que no se pueden cocinar con prisas, y esta es una de ellas. El contraste acidulado, la clave de la salsa, se alcanza jugando con la sal y el azúcar.

Los guisantes deben ser de temporada, por eso este plato solo se debe tomar en primavera. Deben ser frescos y añadirse en el último momento para que la cocción alcance su punto justo. Unos guisantes duros y demasiado reblandecidos arruinan la receta.

Mi truco

Lo tradicional es cuajar un huevo en la cazuelita de barro sobre el resto de ingredientes. Mi propuesta es hacer el huevo a baja temperatura (en alta cocina se usa un aparato especial, pero se puede hacer en casa controlando muy bien el tiempo y la intensidad de la cocción). La textura de la clara y la yema mejoran bastante.

Ingredientes (4 personas)

Para la salsa de tomate:
· 1 kg de tomate maduro
· ½ cebolla
· 2 dientes de ajo
· 50 g de concentrado de tomate
· c/s de sal
· c/s de azúcar
· c/s de pimienta negra
· c/s de aceite de oliva

Para los huevos a la flamenca:
· 4 huevos
· 500 g de salsa de tomate
· 200 g de guisantes
· 2 chorizos
· c/s de sal
· c/s de aceite

Elaboración

Salsa de tomate:

■ Fondeamos en aceite de oliva el ajo picado y la cebolla. Cuando estén bien fondeados añadimos los tomates, a los que previamente les habremos quitado la piel y las pepitas. Lo reducimos y añadimos sal y azúcar dependiendo de la acidez que queramos en el tomate.

■ Lo importante de una salsa de tomate es que esté bien concentrada y aliñada. En este caso no la aromatizaremos porque se trata de una salsa para los huevos a la flamenca.

Huevos a la flamenca:

■ Cortamos el chorizo en trocitos y lo salteamos en una sartén hasta que se tueste un poco.

■ Añadimos los guisantes y la salsa de tomate para que se integre todo bien.

■ Servimos la ración en cazuelas individuales de barro y añadimos un huevo encima. Puede ser frito o, aún mejor, cocido a baja temperatura en la misma cazuela.

Pisto con huevos fritos

El recuerdo

¿Qué niño no se resiste a comer verduras? La escena de los padres luchando para que sus hijos tomen judías, guisantes o coliflor es un clásico en cualquier familia. Mi hermana y yo no éramos una excepción, pero teníamos una debilidad: nos encantaba el pisto. Y mi madre, claro, se aprovechaba de esta circunstancia para que tuviéramos una dieta equilibrada y rica en vegetales.

Los ingredientes

Lo que me apasiona del pisto es el sabor de la yema al romperse y caer sobre las verduras mezcladas con el tomate. ¡Qué rico! Creo firmemente que la mejor salsa del mundo no es una sofisticada creación de ningún gran chef, sino algo tan sencillo y tan natural como una yema de huevo.

Mi truco

Una manera de darle un toque original a esta receta de toda la vida es usar huevos de ganso ibérico fritos. Le dan un punto muy especial. A día de hoy no son difíciles de encontrar en establecimientos gourmet.

Ingredientes (4 personas)

Para la salsa de tomate:
· 1 kg de tomate maduro
· ½ cebolla
· 2 dientes de ajo
· 50 g de concentrado de tomate
· c/s de sal
· c/s de azúcar
· c/s de pimienta negra

Para el pisto:
· 500 g de salsa de tomate
· 1 berenjena mediana
· 1 calabacín
· 1 patata (opcional)
· 4 huevos (de gallina o de ganso)
· c/s de aceite
· c/s de sal
· c/s de harina

Elaboración

Salsa de tomate:
■ Fondeamos en aceite de oliva el ajo picado y la cebolla. Añadimos los tomates, a los que previamente habremos quitado la piel y las pepitas. Lo reducimos mucho y echamos sal y azúcar al gusto, dependiendo de la acidez que queramos en el tomate.
■ Lo importante de una salsa de tomate es que esté bien concentrada y aliñada. En este caso no la aromatizamos (se le puede poner albahaca, romero, orégano, tomillo...) porque se trata de una salsa para el pisto.

Pisto:

■ Cortamos en cuadraditos el calabacín, la berenjena y la patata (si hemos decidido ponerle). Los pasamos por harina, freímos, escurrimos bien y los añadimos a la salsa de tomate.

■ Freímos los huevos en una sartén antiadherente con aceite de oliva. Deberían tener las famosas puntillitas, quedar ligeramente dorados por debajo y tener la yema totalmente líquida y jugosa, perfecta para mojar pan.

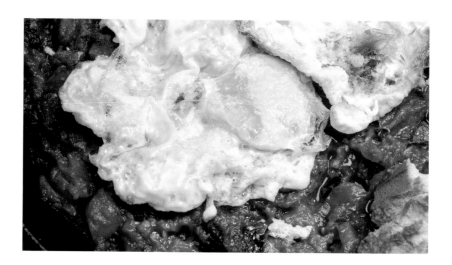

Pollo «a empujones»

El recuerdo

El pollo «a empujones» es un clásico en la cocina de mi familia. Lo llamamos así debido a una historia de hace muchos años. Cuando mi hermana y yo éramos pequeños, nos encantaba el pollo al ajillo que preparaba mi madre. Siempre lo hacía con los muslitos, muy rico y jugoso. Un día, le pedimos que nos explicara cómo lo hacía. «¡Pues a empujones, cómo va a ser!», nos respondió entre risas, refiriéndose a la falta de tiempo que la obligaba a cocinar deprisa y corriendo, «a empujones». Desde entonces la receta quedó bautizada con este nombre.

Mi truco

El ajo es un ingrediente muy versátil, y en esta ocasión propongo usarlo para darle un toque un poco diferente a esta receta tradicional. Si cortamos una cabeza de ajo por la mitad y la confitamos, se queda tan blandito que podemos untarlo, como si fuera una crema, sobre unas tostaditas. ¿Qué mejor acompañamiento para un pollo «a empujones»?

Ingredientes (4 personas)

· 8 muslitos de pollo
· 4 dientes de ajo
· 200 g de vino blanco
· 2 hojas de laurel
· c/s de sal
· c/s de pimienta negra en grano
· c/s de aceite de oliva virgen extra

Elaboración

■ Salteamos el pollo en aceite de oliva hasta que esté dorado por fuera. Los sacamos y reservamos.

■ En el mismo aceite añadimos los ajos sin pelar pero rotos con la mano, las hojas de laurel y la pimienta en grano. A continuación echamos el vino blanco y lo reducimos a la mitad.

■ Una vez reducido el vino, añadimos el pollo de nuevo y lo terminamos de cocinar todo junto durante unos 20 minutos a fuego medio.

El consejo de mi madre

Es importante usar solo muslos de pollo. Es la pieza perfecta para esta preparación. Si usamos también otras partes nos quedará menos jugoso.

Jibia frita con salsa tártara

El recuerdo

En mi familia nos gusta mucho la jibia por lo que, claro, somos muy exigentes con la frescura y la calidad. Recuerdo ir con mis padres a comprarla siempre en el mismo puesto del mercado, siempre al mismo pescadero de confianza, que nos vendía unas piezas excelentes, a menudo vivas.

Mi padre era el encargado de limpiar la jibia, un trabajo que le gustaba hacer. Separaba todas las partes para diferentes preparaciones: las huevas, los anises, el cuerpo, las patas, las aletas… De la jibia se utiliza todo, hay pocos alimentos que se aprovechen tanto, es ideal para presupuestos ajustados.

Frita o en salsa

Llamada también sepia o choco, se puede preparar de muchas maneras, todas buenísimas. Se puede tomar frita, como en esta receta, o en salsa. Mi madre es una auténtica maestra en esta última receta. Su jibia cocinada con un majado de pan frito, ajo, almendras y azafrán en hebra es espectacular. Y nada de machacarlo en la thermomix, como hago yo, no señor. Ella es partidaria del mortero de toda la vida.

Ingredientes (4 personas)

Para la salsa tártara:
· 200 g de mayonesa
· 1 huevo duro
· 12 pepinillos en vinagre
· 80 g de alcaparras
· 30 g de mostaza de Dijon
· 3 chalotas
· 5 gotas de tabasco
· chorreón de vinagre de Jerez
· c/s de cebollino

Para la jibia frita:
· 2 jibias frescas
· c/s de harina
· c/s de sal
· c/s de aceite

Elaboración

■ Mezclamos la mayonesa con la mostaza de Dijon, las gotas de tabasco y el chorreón de vinagre de Jerez.

■ Picamos muy fino el huevo duro, los pepinillos, la chalota, las alcaparras y el cebollino y lo añadimos todo a la salsa.

■ Cortamos la jibia en tiras, tal y como se aprecia en la foto, y la freímos. Para que la fritura quede bien, el aceite debe estar siempre a tope, y el producto húmedo y bien enharinado.

■ Servimos la jibia en una fuente acompañada de la salsa.

El consejo de mi madre

Un truco de economía doméstica: las huevas de jibia, poco utilizadas, son riquísimas. Tanto a la plancha como cocidas en un caldito corto con un punto de laurel. Ojo con el tiempo de cocción, es importante no pasarse. Luego se aliñan al gusto con aceite, cebolleta, perejil...

Infusión de frutos rojos con yogur montado a la vainilla

El consejo de mi madre

Le encantan las fresas con nata, que prepara al estilo de toda la vida. Imprescindible que la fruta y la nata sean de calidad. Es una golosa sin remedio y este es uno de sus postres favoritos.

Mi nueva receta

Me he inspirado en las fresas con nata que tanto le gustan a mi madre para crear este postre que, por su presentación y su sabor, podría ser un postre de alta cocina. Sin embargo, es muy sencillo de hacer. Es una receta ideal para cuando tengamos invitados en casa o queramos hacer un menú un poco más elaborado.

El truco está en la infusión, que se hace al baño maría. Utilizamos los frutos más maduros para la infusión y, si queremos, reservamos algunos para usarlos como tropezón. La cocción debe ser lenta, para que las frutas suden y consigamos un gran néctar.

Para sofisticar la nata montada, le añadimos el aroma de la vainilla y un poco de yogur, que le aporta frescura y acidez. Una receta sencilla con un resultado espectacular.

Ingredientes (4 personas)

Para la infusión de fresas:
· 750 g de frutos rojos (puede variar la proporción, pero yo recomiendo 450 de fresas, 100 de frambuesas, 100 de moras y 100
de grosellas).
· 100 g de azúcar grano

Para el yogur montado a la vainilla:
· 1 vaina de vainilla
· 275 g de yogur tipo griego
· ½ l de nata

Elaboración

■ Ponemos los frutos rojos en una olla con el azúcar y la tapamos
bien con film transparente. Ponemos la olla dentro de otra olla
que habremos llenado de agua hasta la mitad y las situamos en
el fuego a intensidad media, al baño maría.

■ Lo dejamos en el fuego como mínimo una hora. Podemos ir ob-
servando como va saliendo poco a poco el jugo de los frutos
rojos. Cuando pase una hora lo colamos por un colador y nos
quedamos con el líquido de la infusión.

■ Empezamos montando la nata con las vainas de vainilla. Una vez
montada añadimos el yogur muy poco a poco para que la nata
se baje lo menos posible.

■ Ponemos una cucharada de la nata con yogur en el centro del plato y la rodeamos con la infusión de frutos rojos.

Flan de huevo con mucha nata recién montada

El recuerdo

Mi primera aportación a la cocina familiar fue echar una mano a mi madre con los postres. Trufas, magdalenas, leche frita, torrijas... Son algunas de las recetas que aprendí. Tanto a mis padres como a mi hermana y a mí nos encanta el flan, por lo que siempre lo hacíamos enorme, un auténtico flan XXL.

La receta

En este caso mi receta y la de mi madre coinciden al 100%. Es un postre tan sencillo y tan bueno que resulta difícil de mejorar. Los huevos deben ser buenos para que las yemas sepan como deben saber. Y la nata tiene que ser fresca y recién montada. No cuesta nada menear un poco el brazo, y el resultado compensa con creces el esfuerzo.

Si somos muy perezosos, podemos comprar un sifón de cocina que nos servirá tanto para montar la nata sin esfuerzo como para otros muchos tipos de emulsiones y espumas. Es un instrumento muy práctico.

Ingredientes (4 personas)

· 1 l de leche
· 250 g de azúcar grano
· La piel de un limón
· La piel de una naranja
· ½ rama de canela
· 3 huevos
· 650 g de nata fresca

Elaboración

■ Ponemos en un cazo la leche, el azúcar, la canela y las ralladuras de la naranja y el limón. Lo colocamos al fuego hasta que hierva y entonces lo colamos.

■ Batimos los tres huevos y los añadimos al cazo caliente recién sacado del fuego (los añadimos muy poco a poco para que no se cuajen), removemos bien y lo volvemos a colar colocando el contenido en una flanera.

■ Anteriormente habremos colocado un poco de caramelo en el fondo de la flanera que haremos con un poco de azúcar y agua. Cuando se haya enfriado el caramelo es cuando añadimos la mezcla de leche, azúcar y huevos.

■ Cocemos la flanera al baño maría a una temperatura de 160 ºC durante 40 minutos. Pasado el tiempo, la dejamos enfriar y desmoldamos.

■ Para terminar, montamos la nata y la ponemos alrededor del flan, tal y como se aprecia en la foto.

El consejo de mi madre

Es muy importante controlar bien la cocción al baño maría para que no llegue a hervir. Así evitaremos que se formen esas burbujitas que a veces aparecen en los flanes.

Verano

Rollitos vietnamitas de pringá con pipirrana

El puchero

Un puchero no es otra cosa que un buen cocido andaluz. En su origen fue una comida campesina, por lo que es costumbre aprovechar y reutilizar los restos de mil maneras. Las carnes que han sido cocidas en el caldo se suelen desmenuzar para tomar como segundo plato. Es lo que se llama pringá. El nombre se debe a la manera de comer este plato, «pringando» el pan en la carne picada o triturada. Este manjar se puede tomar solo, en montaditos (una tapa típica en Andalucía), como base para unas croquetas...

La receta de mi madre

La fuente de la pringá que prepara mi madre es una fiesta. Lleva cerdo, pollo, ternera, tocino... De niño me gustaba tanto «pringar» que me comía casi una barra de pan yo solo. Esta receta no tiene más trucos que utilizar carne de primera calidad.

Mi nueva receta

En mi familia hemos hecho siempre puchero en todas las épocas del año. Esta receta es una buena manera de tomar la pringá en verano, cuando la clásica fuente resulta un poco pesada. Un plato moderno, sencillo y divertido que conjuga el sabor de la cocina tradicional con un toque exótico.

Ingredientes (4 personas)

Para la pipirrana:
· 2 tomates pera maduros
· 1 pimiento verde
· ½ cebolla
· c/s de aceite de oliva
· c/s de vinagre de Jerez
· c/s de sal

Para los rollitos vietnamitas:
· 400 g de pringá
· 150 g de pipirrana
· 1 lechuga tipo *butter lettuce*
· 1 manojo de hierbabuena

Elaboración

■ Para hacer la pipirrana picamos los tomates, el pimiento verde y la cebolla en cuadrados. Aliñamos todo bien con aceite de oliva, vinagre de Jerez y sal. Reservamos.

■ A continuación nos ocupamos de la pringá del puchero (mirar receta de caldo de puchero en la página 144). Utilizaremos toda la carne que lleva el puchero menos el tocino. Desmigamos la carne y la mezclamos con la pipirrana y su aliño.

■ Sacamos las hojas de la *butter lettuce*, ponemos una hoja de hierbabuena en el fondo de cada una y encima la pringá con la pipirrana.

El consejo de mi madre

Una punta de buen jamón en el caldo le da un punto de sabor imposible de conseguir de otro modo. Lo agradeceremos tanto en la sopa como en la pringá.

Gazpacho tradicional

¿Con o sin hielo?

Qué manía tiene mi madre de servir el gazpacho todo lo frío que puede. Si lo mete en el nevera con cierta antelación me parece bien, pero que añada cubitos de hielo... ¡eso nunca! Añadir agua al gazpacho, durante la preparación o en forma de hielo, es un crimen en toda regla. El tomate tiene mucho jugo, sobre todo si está bien maduro, y echar agua significa estropear el sabor de ese líquido natural que aporta todo el aroma.

Un reto gastronómico

El disgusto por los gazpachos con hielo me ha marcado gastronómicamente. Trabajando sobre el concepto de enfriarlo de manera natural y aportando un plus de sabor nació uno de mis platos más famosos, el gazpacho de cerezas con nieve de queso fresco. Otra opción es coronar un gazpacho tradicional con granizado de sandía y albahaca. Lo que queda claro es que, con un poco de previsión o de ingenio, es posible tomarlo bien frío sin necesidad de estropearlo con los dichosos cubitos.

Ante todo, el tomate

Hay tantos gazpachos como cocineros. A mí me gusta hacerlo con mucho tomate, mientras que mi madre es más partidaria de echar una buena cantidad de pepino, pimiento, cebolla... lo que para mi gusto desvirtúa un poco el resultado. Exagerando un poco, parece más una sopa de verduras que una sopa de tomate. Esta receta es de las mías, con un predominio claro del tomate.

Ingredientes (4 personas)

· ½ kg de tomates maduros
· 1 trozo de pan
· ½ diente de ajo
· ½ pimiento verde
· ½ cebolla
· c/s de vinagre de Jerez
· c/s de sal
· c/s de aceite de oliva

Elaboración:

■ Triturar en la thermomix o con la batidora los tomates maduros, el ajo, el pimiento verde, el pan y la cebolla.
■ Añadir poco a poco el aceite de oliva, el vinagre de Jerez y la sal.
■ Pasar por un colador fino y enfriar en la nevera.

El consejo de mi madre

Como bien dice mi hijo, no se debe añadir jamás agua al gazpacho. El truco para servirlo bien frío es tan sencillo como infalible: prepararlo con antelación y meterlo un rato en la nevera.

Ajoblanco malagueño

Cuidado con el ajo

Como dice Manolo de la Osa, uno de mis cocineros favoritos: «Siempre que vayas a usar ajo en la comida, pon diez veces menos cantidad de lo que habías pensado.» Sabias palabras. Y es que el ajo, en cualquier plato, debe ser solo un perfume. En el caso de esta receta, es importante que el nombre no nos lleve a engaño: que se llame Ajoblanco no quiere decir, ni mucho menos, que sea este su ingrediente principal.

Mi propuesta

Siguiendo el mismo principio que con el gazpacho, soy partidario de enfriar el ajoblanco de forma natural, sin añadir jamás hielos. ¿Por qué no hacerlo de modo que aporte sabor y mejore el plato? Propongo utilizar el mismo Moscatel donde hemos macerado las uvas para preparar un riquísimo granizado. Este vino, tan típico de Málaga, aporta un contraste dulce que le va de maravilla a esta sopa.

Ingredientes (4 personas)

· 250 gramos de almendras
· ½ diente de ajo
· Un trozo de pan del día anterior
· c/s de sal
· c/s de aceite de oliva
· c/s de vinagre de jerez
· c/s cantidad de agua

Elaboración

■ Trituramos las almendras con el pan y el ajo.
■ Añadimos el agua y montamos con el aceite y el vinagre de jerez.
■ Pasamos por la licuadora y echamos sal al gusto.

El consejo de mi madre

Las uvas son el tropezón ideal para esta sopa fría. Y mejor aún si las maceramos un rato en vino moscatel.

Ensalada de volaores con aceite de oliva, cebolleta y naranja

El producto

Los volaores son unos pescados que se capturan en verano en el estrecho de Gibraltar. Se venden secos y salados, igual que el bacalao. Deben su nombre a sus aletas, muy grandes y llamativas, que les permiten planear sobre el agua. Son peces voladores o «volaores», si usamos la pronunciación de la zona. La imagen de los peces puestos a secar al aire libre, colgados de un cordel y rellenos de sal, es muy típica de La Línea de la Concepción.

El recuerdo

Cierro los ojos y veo a mi padre asando en la parrilla los volaores. Desprendían un aroma que abría el apetito. Una vez listos, los iba pellizcando para extraer trozos de la carne y preparar esta ensalada.

Mi propuesta

Para dar un toque original a los volaores, propongo dar un brochazo de salsa de soja al pescado antes de asarlo. Le da una nota exótica y riquísima. Eso sí, hay que tener en cuenta que la soja es muy salada, por lo que se debe poner especial cuidado a la hora de desalar los volaores. Deben estar como mínimo 24 horas en remojo cambiando el agua unas cuantas veces.

Ingredientes (4 personas)

· 4 volaores salados
· 1 naranja
· 1 cebolleta
· c/s de aceite de oliva virgen extra

Elaboración

■ Ponemos los volaores en remojo durante unas tres horas, cambiando el agua un par de veces para desalarlos.

■ Los ponemos directamente sobre la llama (en una parrilla o un fuego de gas) y los vamos asando poco a poco, buscando que queden tostados por fuera.

■ Una vez asados, sacamos los lomos y desmigamos poco a poco intentando que no haya ninguna espina.

■ Pelamos la naranja y sacamos los gajos sin que haya nada de piel blanca. Cortamos la cebolleta en juliana.

■ Ponemos los volaores en un bol, los aliñamos con aceite de oliva y le ponemos encima la cebolleta y los gajos de naranja.

El consejo de mi madre

Esta receta se puede preparar exactamente igual con bacalao desalado y asado a la parrilla. Queda también buenísimo.

Gazpacho arriero
con caracolas de mar

La receta de mi madre

Este gazpacho arriero con caracolas de mar es una de las recetas de mi madre que más me gustan. Aún hoy, de vez en cuando le pido que compre caracolas en el mercado y que me prepare este gazpacho, que le sale para chuparse los dedos. El sabor de este plato me hace retroceder instantáneamente a la infancia.

También está muy buena la pipirrana con caracolas. En realidad son dos recetas muy parecidas, con la salvedad de que el gazpacho arriero lleva pan y es más líquido, por lo que a diferencia de la pipirrana se come con cuchara. Es simplemente una sopa fría de tropezones de verduras, pero las caracolas le dan un punto muy especial.

Sin agua, por favor

Es frecuente añadir agua al gazpacho arriero para formar la sopa, pero como he explicado con anterioridad me parece un crimen aguar cualquier tipo de gazpacho. Prefiero añadirle el líquido de vegetación de los tomates, que es el hilo conductor perfecto entre los distintos sabores.

Ingredientes (4 personas)

- ½ cebolla
- ½ pimiento verde
- 2 tomates maduros
- ½ manzana
- c/s de sal
- c/s de aceite de oliva virgen extra
- c/s de vinagre de Jerez
- 24 caracolas de mar o cañaíllas

Elaboración

- Cortamos las verduras en cuadrados pequeños, las mezclamos y las aliñamos con la sal, el vinagre y el aceite.
- Lo dejamos macerar durante media hora para que el tomate suelte toda su agua.
- Cocemos las caracolas en abundante agua con sal durante al menos 25 minutos. Las escurrimos, sacamos de la concha y dejamos enfriar.
- Ponemos en un plato las verduras con las caracolas por encima.

El consejo de mi madre

El tiempo de maceración es fundamental en este plato. Es la manera de que el tomate suelte el jugo que sirve como ligazón a los demás ingredientes.

Almejas a la marinera

El recuerdo

En el día a día, lo normal en mi familia era comer chirlas, bastante más baratas que las almejas normales. Son pequeñas pero muy sabrosas. En Málaga decimos que son «de chupa y tira», por la manera de tomarlas. Es una expresión muy típica. Durante muchos años se llamó así al barrio malagueño de la Victoria por los muchos puestos ambulantes de almejas y chirlas. Una cazuela de chirlas, además de estar riquísima, era siempre un gran entretenimiento familiar.

La receta de mi padre

Las almejas a la marinera se destinaban a días un poco más especiales. Siempre las preparaba mi padre, que como se puede ver en este libro, también era aficionado a los fogones (y se daba buena maña) aunque la cocinera oficial fuera mi madre. Esta receta lleva tomate natural, que se deja reducir, un poco de aceite de oliva, vino blanco, perejil y caldo de pescado.

El truco

Las almejas se deben echar en el último momento, justo antes de servir. Es lo que se llama «pasear» las almejas por el calor para que se abran.

Ingredientes (4 personas)

· 500 g de almejas gordas
· 2 tomates
· 1 vasito de vino blanco
· 2 dientes de ajo
· 1 vasito de fumet de pescado
· c/s de aceite de oliva
· c/s de perejil picado
· c/s de sal

Elaboración

■ Ponemos un poco de aceite de oliva en una ollita y añadimos el ajo picado y el tomate picado. Dejamos que se consuma, añadimos el vino blanco y dejar que se reduzca también.

■ Añadimos las almejas y el fumet de pescado bien caliente. La cocción debe ser muy breve, lo justo para que las almejas se abran. Echamos un poco de sal, espolvoreamos con perejil y servimos.

El consejo de mi padre

El único truco para que esta receta alcance todo su sabor es que la materia prima sea excelente. Debemos comprar almejas solamente el día que nuestro pescadero de confianza nos avise de que tiene un producto bueno de verdad.

Sardinas a la moruna

El producto

Las sardinas no son solamente un clásico de la gastronomía española, sino también del recetario marroquí, que aprecia mucho este pescado azul de sabor intenso. Como regla general, los españoles somos más dados a tomarlo a la brasa (los espetos malagueños, las moragas granadinas, las parrilladas típicas de la costa cantábrica...), mientras que en Marruecos la costumbre es cocinarlo de un modo más elaborado, adornándolo con ricas especias.

Herencia andalusí

Las sardinas a la moruna son herederas de la cocina andalusí, muy parecidas al clásico tajín que se elabora en Marruecos con este pescado. Es mejor servirlas frías para que el aroma del comino, que le da ese punto inconfundiblemente árabe, aflore en toda su intensidad.

Las sardinas se deben cocinar tímidamente, vertiendo aceite caliente y dejando que se enfríe poco a poco sobre el pescado. Así extraeremos todo su sabor. Una variación sobre la receta tradicional es hacer un puré triturando los ingredientes. Bien frío y con un chorrito de oliva está exquisito.

Ingredientes (4 personas)

- 800 g de sardinas
- 5 tomates
- 1 vasito de vino blanco
- 2 pimientos verdes
- 2 pimientos rojos
- 3 dientes de ajo
- 1 vasito de fumet de pescado
- c/s de aceite de oliva
- c/s de orégano
- c/s de comino
- c/s de sal

Elaboración

- Limpiamos las sardinas de espinas y las reservamos.
- Ponemos un poco de aceite de oliva en una cazuela de barro y añadimos el ajo picado y las dos clases de pimiento picado en juliana. Lo fondeamos durante unos minutos. Añadimos el tomate en rodajas, el vasito de vino blanco y lo dejamos reducir.
- Añadimos el fumet de pescado y las sardinas abiertas. Finalmente, el comino y el orégano. El comino tiene mucha personalidad, así que hay que tener cuidado con la cantidad que se echa.
- Para terminar, metemos la cazuela en el horno durante unos 8-10 minutos a temperatura media.

El consejo de mi madre

Esta receta entra dentro de lo que yo llamo «cocina de cazuela». Se debe cocinar de principio a fin y servir dentro del mismo recipiente de barro. Este material es perfecto para el tipo de cocción que requieren las sardinas y para conservarlas bien frías en la mesa.

Pescado a la roteña

La receta de mi madre

La urta a la roteña es una de las grandes especialidades culinarias de mi madre. Le sale riquísima. Lo mejor de este plato es el jugo que queda en la fuente una vez servidos el pescado, las patatas y las verduras. No me avergüenza reconocer que siempre me encargo de rebañar hasta la última gota, con un poco de pan o directamente a cucharadas.

Mi evolución

Este modo de cocinar la urta es uno de los puntales de mi educación culinaria. Ya he dicho que me encanta. De modo que, cuando empecé a crear mis propias recetas para el restaurante, me inventé rápidamente un tartar de urta con esta salsa y varias versiones sustituyendo la urta por otros pescados. Esta idea resultará especialmente útil a los lectores que vivan en una zona donde no sea fácil encontrar urta de calidad (es un pescado típico de la costa andaluza y canaria).

Caliente o frío

¿Por qué no modernizarse y preparar el pescado a la roteña en frío? Queda espectacular y es perfecto para los meses de más calor. Es el mismo principio que apliqué al crear el tartar de urta.

Ingredientes (4 personas)

· 1 pieza de pescado de 1½ kg
· 4 patatas
· 2 tomates
· 1 pimiento verde
· 1 pimiento rojo
· ½ cebolla
· 1 vasito de vino blanco
· 3 dientes de ajo
· 3 vasitos de fumet de pescado
· c/s de aceite de oliva
· c/s de sal

Elaboración

■ Salteamos el ajo picado, la cebolla cortada en juliana y las patatas cortadas en rodajas con un buen baño de aceite de oliva.

■ Añadimos los dos pimientos cortados también en juliana y volvemos a saltear unos minutos para añadir después los tomates picados.

■ Lo ponemos todo en una bandeja de horno y colocamos encima el pescado eviscerado y sin escamas. Le echamos el vasito de vino blanco y sal al gusto.

■ Metemos el pescado en el horno a una temperatura de 180° durante unos 25 minutos. Cada diez minutos le añadimos un vasito de fumet.

Arroz caldoso
de marisco

El plato

Este plato es lo que yo llamo «un arroz en toda regla». Debe cocinarse en cazuela de barro, queda mucho mejor. Los trucos para hacer un buen arroz caldoso de marisco son solo dos y muy sencillos. El primero es controlar perfectamente los puntos de cocción. Una gamba no tarda lo mismo que una almeja en cocerse. Por eso debemos echar cada ingrediente a la cazuela en el momento justo. El punto del arroz también es clave, obviamente.

El fumet rojo

Mi madre echa las cabezas y cáscaras de las gambas crudas a un cazo de agua para preparar el caldo. A mí me parece que queda más sabroso si hacemos antes un sofrito. Basta con saltear cabezas y cáscaras en una sartén antiadherente, a fuego bien vivo, añadir luego tomates y por último agua con un poco de pimentón. Esto se llama fumet rojo y es ideal para esta receta.

Ingredientes (4 personas)

Para el fumet:
· Cáscaras de 200 g de gambas
· ½ kg de cangrejos
· 1½ kg de mejillones
· 1 cucharadita de pimentón dulce
· 1 hoja de laurel
· 1 limón
· c/s de pimienta negra
· c/s de aceite
· c/s de sal

Para el arroz:
- · 2 dientes de ajo
- · 1 pimiento verde
- · 4 tomates
- · 10 hebras de azafrán
- · 400 kg de arroz bomba
- · 200 g de almejas chirlas
- · El cuerpo de 200 g de gambas
- · Los mejillones que se utilizaron para el caldo
- · 1½ l del fumet que hemos elaborado
- · c/s de sal

Elaboración

- Limpiamos los mejillones y los cocemos en una olla con un poquito de agua, un chorrito de vino blanco, una hoja de laurel, un limón cortado en cuatro y unos granos de pimienta negra.
- Los tapamos y ponemos a fuego medio. Según se vayan abriendo poco a poco, los vamos sacando rápidamente y guardamos los cuerpos de los mejillones para añadir como tropezón a la sopa.
- Ponemos las cáscaras de las gambas en una sartén y las salteamos a fuego vivo. Añadimos los cangrejitos y los salteamos durante 30 segundos más.
- Añadimos una cucharadita de pimentón dulce, cubrimos con el caldo de los mejillones (si es necesario añadimos un poco de agua) y lo dejamos hervir durante 30 minutos. Debe resultar 1½ litros de fumet. Lo colamos y reservamos.
- Sofreímos en una olla el ajo picado, el pimiento verde y el tomate, por este orden. Es importante sofreírlo hasta que se haya reducido toda el agua del tomate.

- A continuación añadimos el arroz y las hebras de azafrán, removemos unos minutos y echamos la mitad del caldo y dejamos cocer durante 9 minutos.
- Añadimos las almejas chirlas y el resto del caldo y dejamos cocer hasta que el arroz esté en su punto.
- Tres minutos antes de apartar el arroz del fuego añadimos las gambas y los mejillones.

El consejo de mi madre

El caldo para un buen arroz de marisco debe llevar siempre gambas. Es como sale más sabroso. Basta con usar las cabezas y las cáscaras.

Fritura malagueña

Mi debilidad

La fritura malagueña o, como decimos aquí, el «pescaíto frito», es mi verdadera debilidad gastronómica. No importa cuántas recetas nuevas haya creado en mi restaurante, ni qué maravillas ideadas por otros compañeros de profesión haya tenido la oportunidad de probar: el sabor de un boquerón frito en su punto justo, que cruje con el primer mordisco, es sencillamente insuperable.

El recuerdo

En mi familia era tradición tomar una fritura malagueña todos los sábados. Me encantaban los enharinadores de madera que tenía mi madre en la cocina cuando yo era niño, símbolo de mi plato favorito y, especialmente, de los chanquetes, esos peces diminutos cuya captura está prohibida desde hace muchos años pero que estaban deliciosos. Creo que era Plinio *el Viejo* quien, allá en la Antigua Roma, pensaba que nacían de la espuma del mar...

Saber freír

Las claves para una buena fritura son que el pescado sea muy fresco y que dominemos bien la técnica para freírlo. En esta receta he intentado dar las pautas del modo más claro posible. La capa de harina que rodea al pescado debe ser minúscula para que el resultado sea ligero. También es importante elegir bien el aceite: las variedades Picual y Hojiblanca son óptimas porque resisten mucho antes de quemarse.

Ingredientes (4 personas)

· 100 g de puntillitas
· 200 g de boquerones
· 200 g de calamares
· 200 g de rosada
· c/s de harina
· c/s de aceite
· c/s de sal

Elaboración

■ Lavamos el pescado y lo sumergimos en agua salada. Es importante que esté bien húmedo al enharinarlo.

■ Lo freímos con el aceite muy fuerte (mínimo 180º) y dejamos el pescado sobre un papel para absorber el aceite sobrante.

■ Si se desea, podemos marinar la rosada en un poco de zumo de limón, ajo y perejil durante una hora antes de freír.

El consejo de mi madre

A menudo lavamos el pescado y luego lo salamos. Es mejor sumergirlo en agua salada antes de freír, de ese modo recreamos el sabor natural que le da el agua del mar.

Tortilla de patatas

En la variedad está el gusto

Dicen que hay tantas tortillas de patatas como cocineros, y es verdad. No hay dos casas donde se prepare igual este plato. Esta variedad de interpretaciones, extensible a otros muchos platos típicos de nuestra gastronomía, es lo que hace tan bonito el mundo de la cocina. Inventar, mejorar, cambiar... Si todos tuviéramos que ceñirnos a la misma receta, los fogones perderían todo su encanto.

A fuego vivo

Aunque en muchas familias se hace la tortilla con las patatas pochadas, a nosotros nos gusta que estén fritas a fuego vivo, bien tiesas. Ese punto crujiente, suavizado por la humedad del huevo, le da un punto extraordinario a la tortilla. Es clave freír las patatas en un buen aceite de oliva. En algunas casas se destina para la fritura el aceite de peor calidad, lo que en este caso es un gran error.

Con antelación

Hay quien prefiere la tortilla calentita y quien, como yo mismo, es partidario de tomarla fría. En ese caso, hay que prepararla con la debida antelación. No debemos meterla nunca en la nevera para enfriarla deprisa y corriendo. Hay que dejar que pierda el calor de forma natural.

Ingredientes (4 personas)

· 2 patatas
· 4 huevos
· c/s de sal
· c/s de aceite de oliva

Elaboración

■ Pelamos y cortamos las patatas en rodajas bien finitas. Las freímos sin que lleguen a coger color y las escurrimos bien.

■ Añadimos los huevos bien batidos sobre las patatas aún calientes y lo mezclamos bien con la ayuda de una varilla. Ponemos sal al gusto.

■ Echamos en la sartén (servirá la misma donde hemos frito las patatas) el tiempo necesario hasta que cuaje. Es importante no pasarnos con el tiempo: lo que hemos hecho anteriormente es prácticamente una cocción al añadir el huevo a la patata recién sacada del fuego.

El consejo de mi madre

Las rodajas de patatas deben ser muy finitas. Es la manera de que podamos freírlas a fuego vivo sin que queden crudas por dentro.

Croquetas en su tinta con alioli de pera

La bechamel

Para hacer unas buenas croquetas, normales o un poco más sofisticadas, tenemos que partir siempre de una bechamel perfecta. Y la clave, como pasa tantas veces en cocina, no es otra que echarle paciencia, paciencia y paciencia. El *roux*, la mezcla de mantequilla y harina que da origen a la salsa, debe quedar bien tostado pero sin quemarse. Luego debemos dar tiempo a la bechamel para que se cueza sin prisas, removiendo sin parar hasta que alcance ese punto de textura y sabor que buscamos. Un poco de nata le aporta mucha cremosidad.

La jibia

De jamón, de puchero, de gambas, de pollo, de boletus... Hay mil maneras de hacer croquetas y todas están buenas. En este caso, yo propongo usar jibia en su tinta. Como ya he comentado, este molusco es uno de mis alimentos favoritos, y creo que la suavidad de la bechamel realza magníficamente su sabor. Un poco de ñora en el guiso de jibia aporta un toque diferente.

Mi propuesta

¿Por qué no preparar un alioli de pera para acompañar las croquetas? El contraste de sabores es riquísimo y aporta originalidad al plato.

Ingredientes (4 personas)

Para el choco en su tinta:
· 1 cebolla
· 2 chocos grandes
· 4 bolsitas de tinta
· c/s de aceite de oliva
· 1 cucharada de pasta de ñora

Para las croquetas:
· 120 g de mantequilla
· 120 g de harina
· 600 g de fumet rojo (ver receta en la página 119).
· El choco en su tinta ya preparado
· c/s de harina
· c/s de huevo
· c/s de pan rallado

Para el alioli de pera:
· 200 g de alioli
· 2 peras

Elaboración

■ Ponemos en una sartén un poco de aceite de oliva y fondeamos la cebolla cortada finamente. Añadimos el choco picado en daditos pequeños y lo estofamos durante al menos 15 minutos. Añadimos la tinta y la pasta de ñoras. Reservamos.

■ Elaboramos la bechamel: fundimos la mantequilla, añadimos la harina (tostándola bien para que no sepa a crudo) y echamos poco a poco el fumet, que nos aportará un sabor yodado interesante para la croqueta. Cocemos durante un rato sin parar de remover para que no se nos pegue.

- Añadimos a la bechamel el guisito de choco que hemos preparado anteriormente. Apartamos del fuego y dejamos que se enfríe para poder formar las bolas de croqueta. Pasamos por harina, huevo y pan rallado y freímos.
- Por último preparamos el alioli de pera: limpiamos bien las peras y las trituramos junto al alioli.

El consejo de mi madre

Hace años, cocinábamos la jibia con su propia tinta. Ahora, como todo el mundo sabe, podemos comprar el líquido negro en prácticos sobrecitos. Aunque por lo general somos partidarios de los métodos tradicionales en la cocina, en este caso no hay gran diferencia y nos ahorramos un engorro tremendo.

Granadas a la naranja

El recuerdo

El sabor de las granadas a la naranja es el sabor de los veranos de mi infancia. Mi madre preparaba muy a menudo este postre, sencillo pero simpático, que entra de maravilla en los meses de más calor. Es fresquito, divertido y apetecible.

Mi nueva receta

Propongo renovar ligeramente este plato aromatizando el zumo de naranja para que el sabor sea aún más redondo. Lo dejaremos macerar durante al menos tres horas con un poco de tomillo limonero, que dará un toque mágico al sabor de la naranja.

Ojo con las aromáticas

Aunque en este caso, al ser un proceso de maceración en frío o infusionado, hay que dejar el tomillo varias horas dentro del zumo, aprovecho para lanzar un mensaje sobre un error muy frecuente en cocina. Cuando un guiso está hirviendo, debemos añadir las hierbas aromáticas durante un tiempo muy breve (un minuto será bastante en la mayoría de los casos). Echar a la olla una ramita de romero durante media hora es la mejor forma de amargar el sabor y destrozar la receta.

Ingredientes (4 personas)

· 800 g de zumo de naranja natural
· 35 g de azúcar en grano
· 1 hoja de gelatina
· c/s de tomillo limonero
· 2 granadas

Elaboración

■ Hacemos el zumo y lo colamos por el chino. Cogemos la mitad y la ponemos a infusionar con unas ramitas de tomillo limonero durante 15 minutos. Añadimos además la gelatina en hojas, que le dará un poco de textura a la sopa.

■ Desgranamos las granadas, las ponemos en un plato y añadimos la sopa de naranja.

El consejo de mi madre

Este postre también queda muy rico con unas fresitas de Huelva. Otra opción es mezclar las dos frutas.

Tiradito de piña con yogur de mango

El recuerdo

Melón, sandía y piña. Esas eran las tres frutas que más comíamos en verano en casa de mis padres. Sigo pensando que son las más refrescantes, por lo que entre mis recetas de verano no podía faltar algún postre elaborado con estas frutas. He elegido la piña porque, desde mi punto de vista, es la más versátil a la hora de preparar un plato con un toque diferente.

Mi propuesta

Llamamos a este plato «tiradito de piña» por la forma de cortar la fruta, que colocaremos sobre una base de yogur de mango. También podemos usar un yogur de otro sabor, como fruta de la pasión o incluso macedonia. El yogur debe ser ácido para que contraste con la piña.

Para redondear el resultado, añadiremos ralladura de lima (recién cortada, por favor) y un chorrito de una buena miel de abeja. El resultado es un juego de texturas y contrastes entre lo dulce y lo ácido. Y más fácil de preparar, imposible.

Ingredientes (4 personas)

· 450 g de yogur (tipo griego)
· 1 mango maduro
· 200 g de zumo de fruta de la pasión
· 1 lima
· ½ piña

Elaboración

■ Mezclamos el yogur griego con el zumo de fruta de la pasión. Pelamos y cortamos el mango en daditos y lo mezclamos con el yogur.

■ Limpiamos la piña y la cortamos en láminas finas.

■ Ponemos en el fondo de unas copas o platos hondos el yogur con el zumo y los tropezones de mango. Disponemos encima las láminas de piña.

■ Finalmente rallamos un poco de cáscara de lima por encima.

El consejo de mi madre

Si no queremos complicarnos, un postre buenísimo es un plato de piña cortada con miel por encima. Ese punto dulce encima de la fruta es todo un acierto.

Otoño

Caldo de puchero
con hierbabuena

El recuerdo

La sopa de puchero de mi madre me transporta a la infancia. Recuerdo nítidamente la sensación de llegar a casa después del colegio y toparme, al abrir la puerta, con el riquísimo olor del caldo puesto al fuego. Como muchas madres, la mía preparaba a menudo una sopa «con mucho alimento» para que recuperáramos fuerzas después de una dura jornada escolar.

La versatilidad

La sopa de puchero (o de cocido, ya que se llama de un modo u otro según la región) es un prodigio de versatilidad. Es habitual añadirle fideos, arroz, jamón, huevo duro, carne deshilachada, garbanzos, patata... Una buena idea es comer a mediodía el puchero completo, con su sopa y su plato de pringá, y reservar para la noche (o para el día siguiente, ya que este caldo aguanta perfectamente en la nevera), esta versión con pan y hierbabuena.

Cómo lo hace mi madre

Ella corta siempre pan en forma de hogazas para darle contundencia al plato. En este caso añadimos la carne de la pringá, cocida con el caldo, y una ramita de hierbabuena, que le da un aroma que me encanta. Es un elemento heredado de la cocina tradicional que tengo muy presente en mi restaurante. Lo empleo constantemente, con muy buenos resultados, en mis preparaciones de alta cocina.

Ingredientes

- 3½ kg de gallina
- 1 kg de jarrete de ternera
- ½ kg de codillo de cerdo
- 300 g de tocino fresco
- ½ kg de garbanzos
- 100 g de jamón
- 100 g de corteza salada
- 100 g de hueso salado
- 2 kg de patata
- 250 g de puerro
- 1 manojo de hierbabuena
- c/s de sal

Elaboración

- Ponemos los garbanzos en remojo un día antes.
- Limpiamos bien de sal el hueso y la corteza. Los ponemos junto con los demás ingredientes en una olla grande y cubrimos todo con agua.
- Lo dejamos cocer unas seis horas, hasta que el caldo se haya blanqueado y tenga el sabor característico del puchero. Lo colamos bien y añadimos sal si fuera preciso. El caldo que no vayamos a tomar se puede congelar perfectamente.
- Separamos por un lado los garbanzos y por otro la carne o pringá. La pringá que no vayamos a utilizar en el momento puede reciclarse en forma de croquetas (receta en la página 214) o rollitos vietnamitas (receta en la página 86). Los garbanzos sirven para preparar una ensalada (receta en la página 148).
- Servimos el caldo con la pringá y unas hojitas de hierbabuena. Si se desea se puede añadir un puñado de garbanzos o unas rebanadas de pan de hogaza.

El consejo de mi madre

Aunque podemos usar cualquier pan que tengamos en casa (incluso un resto duro del día anterior, ya que se ablanda con la sopa), recomiendo comprar un buen pan cateto o de pueblo, amasado a mano y cocido en horno de leña.

Ensalada de garbanzos aliñados con aceite de oliva

El recuerdo

Esta ensalada, una de las especialidades culinarias de mi padre, es una de las mil formas de reutilizar los ingredientes del puchero, en este caso los sabrosos garbanzos cocidos con el caldo. Es un plato sencillísimo de preparar y con un resultado espectacular.

La herencia árabe es obvia, ya que se trata de una versión del célebre *hummus* libanés, esa sabrosa pasta a base de puré de garbanzos, limón, pasta de semillas de sésamo y aceite de oliva. Como curiosidad, contaré que *hummus*, en árabe, significa simplemente «garbanzo». Esta receta, tan rica y nutritiva, se prepara también en países como Grecia, Turquía, Chipre o Israel.

Mi receta

La preparación de la pasta es tan simple y perfecta que no admite muchas innovaciones. Propongo únicamente añadir al puré una pasta de sésamo de excelente calidad y espolvorear por encima unas semillas de esta misma planta, muy popular en el recetario oriental. La mejor forma de tomar esta ensalada es untándola en unas hostias de pan bien finas, si puede ser tostadas. Es un sabor tan adictivo que es imposible parar de untar.

Ingredientes

- 250 g de garbanzos de la cocción del puchero (receta anterior)
- 75 g de pasta de sésamo
- 35 g de aceite de oliva virgen extra
- 1 chalota picada fina
- c/s de sal
- c/s de perejil

Elaboración

- Trituramos los garbanzos después de cocerlos con el caldo del puchero.
- Le añadimos la pasta de sésamo y el aceite de oliva. Lo ponemos a punto de sal.
- Al final añadimos la chalota picada fina y un poco de perejil.

El consejo de mi padre

La mejor manera de disfrutar de esta pasta es untándola en pan, si puede ser tipo pita y ligeramente tostado.

Gazpachuelo malagueño tradicional con Viña A. B.

El recuerdo

¡Cómo se ríe mi madre al recordar lo poco que me gustaba de niño el gazpachuelo! Parece mentira que con el tiempo haya llegado a apreciar tanto el sabor de esta sopa típicamente malagueña, tan versátil como sencilla de preparar. Mi abuela, y después de ella mi madre, preparaba la receta a la manera tradicional, cuajando las claras de huevo directamente en el caldo. A mí esto no me hacía ninguna gracia, por lo que el día de gazpachuelo era mi gran pesadilla.

El origen

Esta es una sopa típica de pescadores, llamada «gazpachuelo» por sus ingredientes básicos: pan, ajo, aceite y agua. Hace muchos años era costumbre preparar este plato cuando los barcos pesqueros llegaban al puerto de Málaga. La clave es mezclar el caldo con la mayonesa, un proceso que debe hacerse con gran cuidado para evitar que se corte.

Mi receta

Para preparar este gazpachuelo un poco especial, propongo añadir un poco de eneldo fresco a la mayonesa, montada con aceite de oliva y girasol. Debe quedar melosa y contundente de sabor. La colaremos para que el eneldo sea solamente un sabor, un aroma. El salmón fresco le da el toque final a esta versión modernizada de un plato de toda la vida.

Ingredientes (4 personas)

Para el caldo de emblanco:
- 1½ l de agua
- 2 patatas
- 2 tomates
- ½ cebolla
- 1 zanahoria
- ½ pimiento verde
- Un chorreón de aceite de oliva
- 800 g de pescado de roca para caldo

Para el gazpachuelo:
- 1 l de caldo de emblanco
- 300 g de mayonesa
- c/s de vino Viña A. B.
- 20 gambas
- 100 g de arroz
- c/s de sal

Elaboración

- Ponemos el agua en una olla y añadimos las patatas peladas, los tomates (retirar las partes verdes), la media cebolla, la zanahoria, el pescado y un poco de aceite de oliva.
- Lo hervimos durante 55 minutos hasta que el caldo haya adquirido todo el sabor del pescado. Lo colamos y reservamos.
- Ponemos el caldo al fuego y cuando esté hirviendo añadimos el arroz. Lo dejamos cocer durante 15 minutos y en el minuto 10 añadimos las gambas. Colamos el caldo y repartimos las gambas y el arroz en los cuencos.

- Calentamos el caldo a no más de 85 °C. Añadimos la mayonesa poco a poco, con mucho cuidado, para que ligue bien con el caldo.
- Finalmente, añadimos un poco de vino Viña A. B. para perfumarlo y lo servimos.

El consejo de mi madre

Para que no se nos corte la mayonesa, debemos controlar la temperatura del caldo al hacer la mezcla. Nunca debe superar los 85°.

Setas salteadas con tomillo fresco

El recuerdo

Mi padre era muy aficionado a la caza y era habitual que en sus salidas al monte se encontrara con algún amigo que le regalaba setas. Solían ser setas de cardo o, los días especialmente afortunados, algunos de los hongos más exquisitos que abundan en la serranía de Ronda. ¡Cómo nos gustaba verle regresar con su botín y descubrir el inconfundible sombrero anaranjado de la *amanita caesarea* o el aroma de los *boletus edulis*...!

La receta de mi padre

Las setas siempre tenían algo festivo, el placer de lo inesperado. Mi padre las preparaba al modo clásico, con un poco de ajo y simplemente salteadas. La verdad es que es un producto con un sabor natural tan intenso que hace falta poco más para disfrutarlas en la mesa.

Mi nueva receta

Cuando se trata de setas, mi único reto es extraer todo su sabor. Como hemos dicho, es tan bueno que no necesita apenas adornos. Es importante limpiarlas bien y trocearlas en trozos del mismo tamaño. Las disponemos en una sartén fría y, una vez tapadas, las ponemos a fuego lento para que vayan cociéndose en su propio jugo. La cocción no debe alargarse en exceso. Para terminar, añadimos un poco de tomillo fresco durante un minuto (nunca más tiempo: ya he explicado que el abuso de las hierbas aromáticas es un error frecuente en cocina).

Ingredientes (4 personas)

· 300 g de setas de cardo
· 300 g de boletus
· 2 dientes de ajo
· c/s de aceite de oliva
· c/s de tomillo fresco
· c/s de sal

Elaboración

■ Limpiamos bien las setas y las troceamos. A continuación, ponemos en una sartén un poco de aceite de oliva y cuando esté caliente añadimos los dos dientes de ajo picados.

■ Cuando bailen los ajos añadimos también una ramita de tomillo y las setas. Removemos un poco y tapamos la sartén.

■ Las ponemos a fuego medio para que vayan sudando. Dejamos que suelten toda el agua y que se cuezan en su propio líquido, siempre con la sartén tapada, durante al menos 10 minutos.

■ A los 10 minutos destapamos y dejamos que se reduzca el líquido hasta que las setas queden prácticamente secas. Las sacamos y las ponemos a punto de sal. Es recomendable añadir un chorro de aceite de oliva al final.

Almejas gordas al natural

El recuerdo

Otra especialidad de mi padre. Como estará comprobando el lector, aunque este libro esté dedicado a las recetas que me enseñó mi madre, en mi familia todos hemos sido aficionados a la cocina y mi padre tenía muchos platos «adjudicados»: las barbacoas, algunos pescados y mariscos, las setas… Como sucedía en muchas familias por aquella época, él se ocupaba de las preparaciones más festivas y ella organizaba la comida del día a día.

La técnica

Me hacía ilusión incluir estas almejas en el libro, a pesar de que la preparación es tan sencilla que apenas precisa explicación, porque mi padre me enseñó una técnica infalible para que los moluscos tengan ese punto perfecto, natural y jugoso. Aún hoy son muchos los colegas de profesión, a menudo chefs de gran prestigio que dominan infinidad de técnicas culinarias, que se sorprenden cuando les explico cómo lo hacía mi padre.

La receta

Se trata de poner la plancha a tope, disponer las almejas encima y tapar con un trapo húmedo (bien limpio, por supuesto). Hay que retirar las almejas de una en una, según se van abriendo. Recomiendo preparar este plato en otoño, cuando más me gusta el sabor de las almejas.

Ingredientes (4 personas)

· 20 almejas gordas

Elaboración

■ Ponemos las almejas cerradas en una plancha antiadherente. Colocamos encima un trapo limpio y húmedo. Encendemos el fuego bien fuerte.

■ Vamos levantando el trapo cada poco para ir sacando las almejas según se vayan abriendo.

■ Debemos tomarlas inmediatamente, antes de que se enfríen, y evitando volcarlas para no desperdiciar ni una gota de su jugo.

Boquerones fritos en escabeche

El recuerdo

Por alguna razón que ahora no alcanzo a comprender, de niño no me gustaban los boquerones escabechados. Ahora me encantan, claro. En mi casa eran frecuentes —mi padre los devoraba—, pero yo procuraba evitar comerlos.

La receta de mi madre

Mi madre solía freír pescado de sobra, sobre todo boquerones y jurelitos, para poder servirlo escabechado al día siguiente. Era un truco de economía doméstica que había aprendido de mi abuela. Es un magnífico ejemplo de cocina de aprovechamiento bien entendida: el plato resultante de las sobras está tan rico como el original.

Mi nueva receta

Con un par de toques, esta receta tan casera puede convertirse casi en un plato de alta cocina. Como sucede en todas las propuestas en este libro, la elaboración es sencilla y el resultado sorprendente. La primera idea es añadir unas setitas al escabeche. Le dan mucha gracia. La segunda, cambiar el vinagre de Jerez por uno de Chardonnay, con un sabor distinto y más elegante de lo que estamos acostumbrados.

Ingredientes (4 personas)

· 500 g de boquerones
· 200 g de vinagre de vino
· 200 g de agua o caldo de pescado
· 2 hojas de laurel
· 10 granos de pimienta
· 1 cebolla
· c/s de harina
· c/s de sal
· c/s de aceite de oliva

Elaboración

■ Limpiamos bien los boquerones, sacándoles la cabeza y las vísceras. Los freímos con la técnica explicada en la receta de fritura malagueña (página 122).

■ Fondeamos la cebolla en un poco de aceite de oliva. Añadimos los granos de pimiento, el vinagre y el caldo de pescado (también se puede hacer simplemente con agua). Lo dejamos reducir 10 minutos.

■ Dejamos enfriar la mezcla y sumergimos los boquerones.

El consejo de mi madre

Las variedades de aceite Picual y Hojiblanca son las mejores para la fritura porque resisten muy bien el calor extremo.

Higaditos encebollados al jerez

El recuerdo

¡Otro plato que detestaba de pequeño y he redescubierto de adulto! En mi defensa tengo que decir que creo que no soy el único. A casi ningún niño le gustan los higaditos, que —hay que reconocerlo— tienen un sabor especial y difícil. Ahora me doy cuenta de que mi madre hacía bien obligándonos a mi hermana y a mí a comer de todo, pero por aquel entonces ver este plato sobre la mesa era una auténtica tortura.

Mi nueva receta

Cuando le conté a mi madre que estaba haciendo en mi restaurante un plato de higaditos encebollados al jerez, no se lo podía creer. ¡Que después de tantas pataletas, yo reconociera el valor gastronómico de esta receta! Como no olvido mis traumas infantiles, recomiendo picar los higaditos muy finos para no dar demasiadas pistas sobre lo que estamos comiendo. He llegado a apreciar mucho el sabor, pero prefiero olvidarme de su aspecto.

Un punto de suavidad

Otra posibilidad es cubrir los higaditos encebollados con un buen puré de patatas machadas. Después lo gratino. Esta combinación suaviza la personalidad del hígado y mejora sustancialmente la textura del plato, que se vuelve muy meloso y apetecible.

Ingredientes (4 personas)

· 250 g de hígados de pollo
· 1 cebolla
· c/s de aceite de oliva
· 200 g de caldo de carne
· 1 ramita de tomillo
· 1 ramita de romero
· c/s de vino de Jerez
· c/s de sal

Elaboración

■ Picamos muy finamente los hígados de pollo y la cebolla. Fondeamos muy bien la cebolla con un poco de aceite de oliva.

■ Subimos el fuego y añadimos los hígados, el tomillo y el romero. La sartén debe estar a temperatura fuerte y ser lo suficientemente grande para poder saltear los hígados de manera uniforme, sin que se amontonen unos encima de otros.

■ Una vez bien salteados los hígados, añadimos el caldo y retiramos el tomillo y el romero. Lo cocinamos durante unos minutos hasta que reduzca.

■ En el último momento, echamos un chorrito de vino de Jerez.

El consejo de mi madre

La casquería debe cocinarse siempre con la sartén a tope. Así evitamos que suelte agua. El sabor de un hígado cocido es infinitamente peor que el de uno salteado. Podríamos decir que en la cocción saca su peor cara.

Arroz de conejo con especias provenzales

El recuerdo

Ya he comentado antes que mi padre era aficionado a la caza. A menudo regresaba a casa con algún conejo, que mi madre preparaba de distintas maneras. Una de las más sabrosas es este plato de cuchara, perfecto para un día de otoño.

La receta de mi madre

Mi madre reserva los mejores trozos del conejo como tropezón y emplea el resto para, junto con unas verduras, hacer el caldito en el que se cuece el arroz. Prepara un sofrito, añade el conejo troceado, incorpora el arroz y, por último, el caldo. El resultado es un guiso contundente que sirve como plato único.

Mi nueva receta

Pocos trucos puedo aportar para mejorar esta receta. Recomiendo un toque de especias provenzales secas para darle olor a bosque, a campo, que resulta muy apropiado para este plato otoñal. También le van de maravilla unas setitas confitadas. Es importante que el arroz quede meloso y aromático.

Ingredientes (4 personas)

· 2 dientes de ajo
· 1 pimiento verde
· 4 tomates
· 10 hebras de azafrán
· 400 g de arroz bomba
· 1 conejo troceado
· c/s de especias provenzales
· 950 g de caldo de puchero (receta página 144)
· c/s de aceite de oliva
· c/s de sal

Elaboración

■ Ponemos en una olla un poco de aceite de oliva. Salteamos el conejo troceado hasta que esté bien dorado por fuera y aún crudo por dentro. Reservamos.

■ Añadimos un poco más de aceite a la olla y sofreímos el ajo picado primero, luego el pimiento verde y, unos minutos después, los tomates picados. Sofreír un rato hasta que se reduzca el agua de los tomates.

■ Echamos el arroz y las hebras de azafrán. Removemos unos minutos y ponemos los trozos de conejo, previamente salteados. Añadimos también las especias provenzales.

■ Añadimos la mitad del caldo y dejamos cocer 9 minutos. Echamos entonces la otra mitad y dejamos que cueza hasta que el arroz esté en su punto. Debe quedar meloso, sin caldo pero nada reseco (observar foto). Rectificamos de sal y servimos.

El consejo de mi madre

Cuando preparemos un arroz guisado, debemos calcular unos 100 gramos de arroz por comensal. Conviene añadir un poco más del doble de caldo para que quede jugoso.

Carne en salsa con puré de dátiles y chorizo

El recuerdo

Sé que corro el riesgo de que los lectores piensen que era un niño latoso con la comida, pero confesaré que de pequeño no me gustaban las carrilleras de cerdo (ni los higaditos de pollo, ni la verdura, ni los boquerones en escabeche... la verdad es que mi madre tenía bastante paciencia). Más adelante he aprendido a valorar esta carne de textura tierna y a disfrutar de las vetas de gelatina que le aportan tanta melosidad.

Mi truco

Aconsejo pasar las carrilleras por harina y freírlas para cerrar sus poros antes de guisarlas. Así evitamos que pierdan esa ternura que es su principal virtud. Además, la harina que queda adherida a la carne también nos sirve para espesar más fácilmente la salsa.

El contraste

Me gusta acompañar las carrilleras con un original puré de dátiles y chorizo. Aunque a primera vista parezca una combinación un poco chocante, son dos sabores intensos que se complementan estupendamente.

Ingredientes (4 personas)

Para la carne en salsa:
- · 1 kg de carrilleras de ternera
- · 2 dientes de ajo
- · ½ cebolla
- · 1 pimiento rojo
- · 1 tomate
- · 2 zanahorias
- · ½ botella de vino tinto
- · ½ l de caldo de puchero (ver receta página 144)
- · c/s de harina
- · c/s de aceite de oliva
- · c/s de sal

Para el puré de chorizo y dátiles:
- · 2 chorizos de asar
- · 100 g de dátiles
- · c/s de caldo de puchero

Elaboración

- ■ Cortamos las carrilleras en tres trozos, las enharinamos y las freímos.
- ■ Ponemos un poco de aceite de oliva en una sartén, añadimos el ajo y la cebolla picada fina y fondeamos. Añadimos el pimiento rojo picado fino y el tomate triturado. Dejamos que cueza un poco.
- ■ Añadimos la carne y las dos zanahorias en rodajas. Le ponemos también el vino y dejamos que reduzca a la mitad con el fuego fuerte. Posteriormente añadimos el caldo y dejamos que cueza hasta que la carne esté tierna. Rectificamos de sal.

■ Para hacer el puré, ponemos en una olla pequeña los dátiles y los chorizos cortados en trocitos con el caldo de puchero. Hervimos durante 20 minutos y lo trituramos bien. Al final ponemos el punto de sal. El puré resultante es un equilibrio dulce/salado.

Perdiz escabechada con pimientos asados

El recuerdo

En mi casa comíamos a menudo conejo y perdiz. Supongo que en todas las familias donde algún miembro es cazador sucede lo mismo. Recuerdo el congelador de mi madre lleno a rebosar de perdices cada vez que llegaba el otoño. Y es que, además de las que cazaba mi padre, estaban las presas que le regalaban otros compañeros de afición... El caso es que mi madre tenía que agudizar el ingenio para encontrar formas variadas de cocinar estas aves. Esta receta era una de nuestras preferidas.

La receta

Vino blanco, laurel, tomillo, ajo, vinagre, aceite, cebolla... Hay distintas fórmulas para preparar el escabeche. El resultado es un plato frío, lleno de sabor. El escabeche alarga la vida de las perdices, que aguantan perfectamente unos días en la nevera. Esto es especialmente útil si, como le sucedía a mi madre, nos encontramos de pronto con una cantidad grande de un determinado alimento y no queremos que se estropee.

El acompañamiento

Siempre tomábamos la perdices en escabeche acompañadas con una ensalada de pimientos asados. Era una cena típica en mi casa en esta época del año. Para mí es la combinación perfecta. El sabor de la verdura al horno, ya enfriada, aliñada y con un punto de ajo, complementa de maravilla el de las perdices.

Ingredientes (4 personas)

Para la perdiz escabechada:
· 4 perdices
· 1 cebolla
· 2 hojas de laurel
· 8 granos de pimienta negra
· 100 ml de vinagre de Jerez
· ½ l de caldo de puchero (ver receta en la página 144)
· c/s de sal
· zanahorias

Para los pimientos asados:
· 2 pimientos rojos
· 1 cebolla
· 1 berenjena
· c/s de sal
· c/s de aceite de oliva
· c/s de vinagre de Jerez

Elaboración

■ Limpiamos la perdiz de vísceras. La marcamos en una sartén, dorándola por todas sus partes, y la reservamos.
■ En la misma sartén, echamos la cebolla cortada en juliana, la pimienta negra, las hojas de laurel y la zanahoria en rodajas. Cuando esté bien fondeado, añadimos la perdiz y el vinagre. Dejamos cocer durante 3 minutos y añadimos el caldo. Añadimos al gusto.
■ Cocemos la perdiz hasta que esté en su punto. Para una cocción perfecta, hay que darles la vuelta para que las pechugas queden arriba al final. Son más delicadas y se secan enseguida.

- Para hacer los pimientos asados, impregnamos todas las verduras (menos la cebolla que la utilizaremos cruda) con un poco de aceite de oliva y sal. Las cocinamos al horno a una temperatura de 190° C.

- Cuando estén bien asadas, las sacamos del horno y les quitamos la piel. Dejamos que se enfríen y mezclamos con la cebolla cortada en juliana fina. Aliñamos con un poco de sal, aceite de oliva y vinagre de Jerez.

Magdalenas de limón

El recuerdo

Mis primeros pasos en la cocina fueron preparando postres. De niño era bastante goloso, por lo que me encantaba ayudar a mi madre con los dulces. Batir las claras a punto de nieve, untar el molde de mantequilla, mirar a través del cristal del horno cómo subía la masa... Son cosas sencillas pero llenas de magia para unos ojos infantiles.

Ahora soy yo el que, alguna tarde tranquila, me siento a preparar cupcakes con la ayuda de mis hijas. Se vuelven locas decorando con glaseados, virutas y otros adornos estas coloridas magdalenas de origen estadounidense, muy de moda desde hace unos años.

El truco

El reto con las magdalenas es que la masa no se desinfle al sacarlas del horno. Este es un problema al que muchos reposteros aficionados se han enfrentado alguna vez. ¿Cómo hacer para que queden esponjosas y apetecibles? Yo recomiendo dejar que las magdalenas fermenten un rato en el molde antes de introducirlas en el horno. De este modo minimizamos el riesgo.

Ingredientes (8 personas):

· 1 yema de huevo
· 3 huevos enteros
· 200 g de azúcar
· 1 yogur de limón
· 250 g de harina
· 1 sobre de levadura Royal
· 100 ml de aceite de oliva
· 100 ml de aceite de girasol
· 100 ml de leche
· 50 ml de nata
· ralladura de dos limones
· una pizca de sal

Elaboración:

■ Separamos las claras de las yemas. Montamos las yemas con el azúcar con ayuda de una varilla y añadimos los elementos líquidos, es decir: la leche, la nata, el yogur y los dos aceites.
■ Mezclamos la harina, la levadura y la sal. Espolvoreamos poco a poco sobre la mezcla, removiendo con cuidado.
■ Montamos las claras a punto de nieve y unimos a la masa.
■ Dejamos reposar un rato para que la levadura actúe.
■ Ponemos en moldes de papel acanalados y llenamos hasta la mitad. Dejamos fermentar otros diez minutos en algún lugar cálido (al sol, cerca de un radiador...) para que la levadura vaya inflando un poco la masa.

■ Metemos en el horno 10 minutos a 180° hasta que las magdalenas estén doradas y esponjosas.

Tarta de manzana asada

El recuerdo

Cuando empecé a estudiar en la escuela de hostelería, dedicaba los fines de semana a practicar las recetas en casa. El hojaldre me apasiona, por lo que me pasaba horas y horas perfeccionando mi técnica en la cocina de mi madre. Quien haya hecho alguna vez hojaldre en casa sabe que se ensucia muchísimo la cocina... Mi madre ponía una cara un poco larga, pero siempre le agradeceré lo mucho que me ayudó en mis prácticas caseras durante aquella época.

La receta

No explico en el libro la preparación del hojaldre que me enseñaron en La Cónsula, la escuela de Málaga donde estudié, porque es bastante engorroso de hacer. Sin embargo, creo que es una experiencia interesante para los más cocinillas. En cualquier caso, la masa ya preparada da muy buen resultado y simplifica notablemente la receta.

Para aportar ese punto jugoso que buscamos en las tartas, recomiendo añadir un poco de crema pastelera entre el hojaldre y la manzana.

Ingredientes (4 personas)

Para la crema pastelera:
· 400 gramos de leche
· 150 gramos de nata
· 4 yemas de huevo
· 120 gramos de azúcar
· 50 gramos de maicena
· 50 gramos de mantequilla
· 50 gramos de harina de almendras (almendras en polvo)
· 1 ramita de vainilla

Para la tarta:
· 4 discos de hojaldre (comprado en el supermercado)
· 3 manzanas rojas
· c/s de azúcar en grano
· c/s de crema pastelera

Elaboración

■ Ponemos en un bol las yemas de huevo con el azúcar y la maicena. Batimos bien con una varilla.

■ Ponemos a hervir la leche con la nata y la ramita de vainilla. Cuando esté hirviendo, vertemos sobre las yemas y batimos bien.

■ Ponemos de nuevo al fuego, sin dejar de remover para que no se pegue. Cuando empiece a cuajar, añadimos la mantequilla en dados y la harina de almendras.

■ Retiramos del fuego, cambiamos de recipiente y cubrimos con film transparente.

■ Cogemos las placas de hojaldre. Podemos recortar un disco grande o cuatro de tamaño individual. Levantamos los bordes y untamos crema pastelera por toda la superficie.

■ Pelamos las manzanas, les quitamos la parte central y cortamos en láminas no muy gruesas. Disponemos las láminas en círculo sobre la tarta y las espolvoreamos con el azúcar.

■ Horneamos durante 15 minutos a 175°.

El consejo de mi madre

Una ramita de vainilla aporta a la tarta un aroma fantástico.

Invierno

Sopa de ajo

El recuerdo

Mi madre solía preparar sopa de ajo los días de frío. Aunque la provincia de Málaga es cálida, siempre hay días de invierno en los que el cuerpo te pide un plato como este, que reconforta desde la primera cucharada. También es una buena manera de reinventar la sopa de cocido y tomarla dos días seguidos sin repetir receta.

La receta

Conocida también como sopa castellana, esta preparación es muy tipica de provincias como Madrid, León y Valladolid. En Zamora es costumbre tomarla después de una larga noche de procesiones en Semana Santa. Como sucede a menudo con este tipo de recetas, elaboradas con ingredientes muy humildes, es un plato tremendamente popular. El canon dicta que debe tener caldo o agua, ajo, pimentón y pan. Así de simple.

Mi nueva receta

Picatostes, coliflor, huevo o incluso chorizo. Son muchos los añadidos que pueden enriquecer la receta clásica. En la escuela de hostelería aprendí a usar pan tostado y untado en ajo para esta sopa. Le da un toque estupendo. Otra sugerencia es poner una puntita de pimentón de la Vera, con un punto ahumado y mucha personalidad.

Ingredientes (4 personas)

· 1 barra de pan
· 1,5 litros de caldo de puchero (página 144)
· 4 huevos
· ½ cabeza de ajo
· c/s de pimentón dulce

Elaboración:

- Cortamos el pan en rebanadas relativamente finas y tostamos en una sartén. Una vez tostadas, las untamos ligeramente con un par de dientes de ajo.
- Ponemos aceite en una olla bien ancha y añadimos los demás dientes de ajo finamente laminados. Cuando el ajo empiece a «bailar», añadimos el pimentón dulce (al menos dos cucharaditas). Si tenemos pimentón de la Vera, podemos ponerle un poco: le da un toque ahumado muy especial.
- Removemos y añadimos el pan tostado, para que absorba todo el aceite con pimentón. Echamos entonces el caldo de puchero y dejamos cocer durante 20 minutos.
- Una vez transcurridos los 20 minutos, apartamos del fuego, rectificamos de sal y añadimos cuatro huevos a la sopa, con mucho cuidado de no romper la yema. Los huevos se cocinan con el calor de la sopa en pocos minutos.

El consejo de mi madre

Ojo con el pimentón, que se quema muy deprisa.

Cazuela de fideos
y coquinas

El producto

Me encantan las coquinas. Estos pequeños moluscos están buenísimos simplemente salteados con ajito y perejil, pero hay algo en su sabor que me da «ganas de cuchara». Con este espíritu inventé la coquinada de mi restaurante Calima, un plato muy celebrado.

La cazuela

Lo habitual es preparar cazuelas de fideos con almejas o algún tipo de pescado, como por ejemplo pintarroja. También hay quien le echa sardinas, algo que a mí personalmente no me gusta. Creo que este pescado, uno de mis preferidos, da más juego en otra clase de guisos (por ejemplo cocinado a la moruna, según la receta incluida en este libro).

La receta de mi madre

Mi madre es una maestra preparando cazuelas. Les da siempre el punto exacto. Mi preferida es la de fideos con coquinas, que le sale de cine. Además es una receta sumamente original, con un gusto muy particular, ya que como hemos comentado, lo frecuente es usar otros moluscos o pescados.

Ingredientes (4 personas)

- ¼ kg de fideos gordos
- 200 gr de coquinas
- 1 patata mediana
- 1 tomate maduro
- 1 diente de ajo
- 1 cebolla
- c/s de pimentón dulce
- 1 ramita de hierbabuena
- ½ cabeza de ajo
- 1 litro de caldo de pescado
- c/s aceite de oliva

Elaboración:

- Como indica el nombre del plato, debe cocinarse siempre en una cazuela de barro. Hacemos en primer lugar un sofrito con el aceite, los ajos, la cebolla y el tomate picado fino. Añadimos el pimentón dulce y removemos bien.
- Añadimos rápidamente los fideos, la patata cortada en cascos y el caldo. Ponemos a cocer durante 25 minutos.
- Cuando falten 5 minutos para finalizar la cocción, añadimos las coquinas. Adornamos con la ramita de hierbabuena al servir.

El consejo de mi madre

Siempre, siempre, siempre se debe cocinar este plato en una cazuela de barro. Hecho de otra forma pierde toda la gracia.

Crema de lentejas
con brandada de bacalao
y queso de Ronda

El recuerdo

Hay dos clases de niños. Unos aborrecen las lentejas y a otros les gustan. Yo pertenecí al segundo grupo, por lo cual mi madre no tuvo que decirme demasiadas veces eso de «hoy comemos lentejas, si quieres las tomas y si no... también». Creo que una de las razones por las que este plato no me disgustaba en absoluto era que ella, astutamente, le echaba quesitos para espesar la crema y adaptarla a mi paladar infantil.

Mi receta

El sabor de las lentejas y el del queso están indisolublemente unidos en mi memoria gastronómica. Es una mezcla poco frecuente pero, desde mi punto de vista, casi perfecta. En este caso, he sustituido los clásicos quesitos de mi madre por un buen queso de Ronda, con el sabor levemente ácido característico de los quesos de cabra. Es un contrapunto ideal para la crema.

También he añadido una brandada de bacalao que aporta una nota de originalidad. El resultado: un plato contundente, riquísimo y sorprendente para una comida de invierno.

Ingredientes (4 personas)

Para la brandada de bacalao:
- ½ cebolla
- ½ puerro
- 1 patata
- 250 gr de bacalao desmigado desalado
- ½ litro de leche
- 100 gr de nata
- 50 gr de queso de Ronda en rulo
- c/s de mantequilla

Para las lentejas:
- 300 gr de lentejas
- 1 litro de agua
- 150 gr de mantequilla
- 100 gr de nata

Elaboración:

- Ponemos las lentejas en el agua y hervimos durante 30 minutos con un poco de sal. Las colamos y trituramos con un poco de su agua de cocción. Añadimos la mantequilla en dados, la nata y sal al gusto. Reservamos la crema de lentejas.
- Picamos finamente la cebolla y el puerro. Fondeamos a fuego lento con un poco de mantequilla. Añadimos la patata cortada en dados, el bacalao, el queso, la leche y la nata. Cocemos hasta que la patata esté tierna.

- Trituramos y rectificamos de sal. La brandada debe quedar espesa, aunque se puede aligerar con un poco de leche si hiciera falta.
- Servimos en el fondo de los platos la brandada y cubrimos con el puré fino de lentejas.

Spaghetti carbonara

El recuerdo

Hoy en día nos hemos sofisticado mucho y podemos encontrar en cualquier supermercado varios tipos de pesto, gnocchi frescos o incluso mozzarella de búfala, pero cuando yo era niño nuestro conocimiento de la cocina italiana era bastante más limitado. Entonces solo había tres recetas de pasta posibles: a la boloñesa, con tomate y chorizo o a la carbonara. Esta última era mi favorita. Mi madre preparaba a menudo estos spaghetti, al menos un par de veces al mes. Era una cena típica después de un día de colegio.

La receta

Esta es una receta muy sencilla que casi todo el mundo conoce, pero la he incluido en este libro por lo mucho que me gusta. La pasta, la nata, el queso, los tropezones de bacon o jamón... Los ingredientes de este plato forman una mezcla suave y melosa. Yo tengo un truco muy sencillo para que estos spaghetti salgan de diez. Basta con añadir una yema de huevo por persona, bien salpimentada, justo antes de servir, una vez hayamos retirado la nata del fuego. Se remueve rápidamente y se dispone en los platos. Este pequeño añadido aporta a la pasta un plus de cremosidad y de sabor.

Ingredientes (4 personas)

· 300 g de spaghetti (mejor si es pasta fresca)
· 250 g de nata fresca
· 3 yemas de huevo
· 100 g de bacon
· c/s de parmesano rallado (opcional)
· c/s de sal y pimienta recién molida
· c/s de aceite de oliva

Elaboración

■ Salteamos el bacon en tiras en una sartén. Añadimos la nata fresca y dejamos que se reduzca a la mitad. Por otro lado batimos las yemas y salpimentamos.

■ Cocemos la pasta en agua abundante con un poco de sal y un chorrito de aceite. Si es pasta fresca, debemos vigilar mucho el tiempo de cocción ya que suele ser muy corto.

■ Retiramos la nata del fuego y mezclamos enérgicamente con las yemas.

■ Retiramos la pasta del fuego, colamos y mezclamos con la salsa. Emplatamos y añadimos el parmesano o, incluso, un poco de orégano.

Anchoas con tartar de tomate

El recuerdo

Hay dos olores clave en mi educación gastronómica. El primero es el de los jamones colgados en las tiendas de ibéricos. El segundo, el de la tiendecita de Estepona donde me llevaba mi padre a comprar anchoas. Ese olor a saladero de pescado, tan difícil de describir pero absolutamente inconfundible.

Cierro los ojos y me veo de nuevo allí, a los 8 o 9 años, frente a una lata oxidada llena hasta arriba de sal. Me fascinaba ver cómo la tendera, usando una bolsa de plástico a modo de guante, iba extrayendo una a una las anchoas mientras su olor impregnaba el pequeño local.

Luego, de vuelta a casa, mi padre y yo pasábamos el resto de la mañana limpiando las anchoas. Su textura y su sabor eran distintos a los de ahora.

La receta

Simplemente con cebolleta y aceite de oliva virgen extra, tal y como las preparaba mi padre, están excelentes. El único truco, obviamente, es que las anchoas sean de excelente calidad. Yo propongo añadir un sencillo tartar de tomate que le da un contrapunto muy rico.

Ingredientes (4 personas)

· 8 anchoas
· 2 tomates frescos
· 4 tomates secos
· 2 hojas de albahaca fresca
· c/s de aceite de oliva
· c/s de sal y pimienta recién molida

Elaboración

■ Picamos finamente los tomates (tanto los frescos como los se-cos) y los aliñamos con la albahaca picada, la sal, la pimienta y el aceite de oliva.
■ Disponemos el tartar de tomate en un plato y lo adornamos con las anchoas.

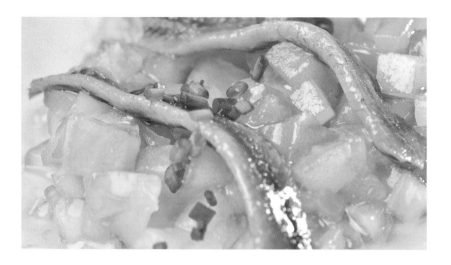

El consejo de mi padre

Aunque parezca obvio, es importantísimo limpiar bien las anchoas. Un exceso de salazón puede estropear el sabor de cualquier plato.

Croquetas de pringá

El concepto

En este libro he hablado ya bastante sobre la prodigiosa versatilidad del puchero o cocido, uno de los milagros del recetario tradicional español. No podía faltar, por lo tanto, esta receta de croquetas elaboradas con la carne de la pringá, un clásico de la gastronomía familiar y un ejemplo casi perfecto de buena cocina basada en el aprovechamiento de restos.

Las croquetas

La clave de unas buenas croquetas es la cremosidad de la bechamel. En la receta de croquetas de choco con alioli de pera se explican con detalle los trucos para conseguir el punto perfecto.

Ingredientes (50 croquetas)

· 100 g de mantequilla
· 125 g de leche
· 100 g de harina
· 500 g de caldo de puchero (receta en la página 144)
· 250 g de pringá de puchero (receta en la página 144)
· c/s de nuez moscada
· c/s de sal

Elaboración

■ Fundimos la mantequilla en una sartén y añadimos la harina. Cocemos bien la harina sin parar de remover.

■ Añadimos la leche y el caldo y dejamos que hierva durante al menos 20 minutos. Añadimos la pringá del puchero (sin tocino, solo con la carne) y ponemos sal y nuez moscada al gusto.

■ Untamos con mantequilla una bandeja honda de plástico y vertemos la bechamel. Dejamos enfriar.

■ Una vez fría, hacemos bolas de unos 20 g y congelamos.

■ Empanamos la croqueta congelada, pasándola primero por harina y a continuación por huevo y pan rallado. Freír a 180 °C justo antes de servir.

El consejo de mi madre

Es un problema frecuente que las croquetas, si están muy tiernas, se deshagan al freírlas. Hay un truco muy sencillo para evitarlo: congelar la masa antes de empanarla, según se explica en la receta.

Migas con chistorra y dátiles

El recuerdo

Cuando era niño pasábamos muchos fines de semana en un camping de Marbella. Solíamos aprovechar para cocinar al aire libre: paellas, espetos de sardinas, barbacoas de carne... Guardo un gran recuerdo de esas comidas familiares y relajadas, disfrutando del aroma del fuego de leña. Las cosas así saben mucho mejor. Muchos domingos de invierno mi padre preparaba migas, un plato que le salía buenísimo. Yo definiría a mi padre como «un gran cocinero de aire libre».

La receta

Mi padre preparaba las migas con chorizo, al estilo clásico. Aunque el sabor de este embutido me gusta mucho, en esta ocasión propongo sustituirlo por chistorra para darle un toque un poco distinto al plato. También es habitual añadir algún ingrediente dulce, como por ejemplo uvas, para enriquecer la receta. A mí me gusta conseguir este contraste entre lo dulce y lo salado con un puñado de dátiles.

Ingredientes (4 personas)

· 1 kg de pan del día anterior
· ½ cabeza de ajo
· 2 chistorras
· 16 dátiles
· 200 g de panceta
· 1 ramita de romero fresco y tomillo
· c/s de pimentón dulce
· c/s de aceite de oliva
· c/s de sal

Elaboración

■ Cogemos el pan y lo troceamos con un cuchillo. Los trozos no deben ser demasiado pequeños ni uniformes. Espolvoreamos con gotas de agua y reservamos en la nevera durante un día.

■ Aplastamos media cabeza de ajo y la sofreímos. Añadimos la panceta troceada (que suelte grasa y se dore) y, en el último momento, las ramitas de romero y tomillo.

■ Añadimos el pan y vamos removiendo poco a poco, a fuego lento, para que el pan vaya perdiendo humedad y cocinándose. Este proceso debe durar al menos una hora.

■ Freímos la chistorra en una sartén aparte para añadirla al final, sin la grasa que haya soltado.

■ Cuando las migas hayan perdido la humedad y cogido color, añadimos la chistorra, los dátiles, la sal y el pimentón.

El consejo de mi padre

Las migas se pueden preparar en la cocina, por supuesto, y salen riquísimas. Pero si tenemos la oportunidad de
hacerlo al aire de libre, con el aroma del fuego de leña, el
resultado será infinitamente mejor.

Conejo en salsa

El recuerdo

Ya he contado antes que mi padre era muy aficionado a la caza. A menudo traía a casa perdices o conejos, por lo que mi madre se convirtió en toda una experta en todo tipo de recetas con estas carnes. Y es que, como a veces él traía un botín considerable que llenaba casi toda la nevera, ella tenía que inventarse guisos diferentes para que no acabáramos hasta las narices de comer lo mismo varios días seguidos.

La receta de mi madre

El conejo en salsa de mi madre es una maravilla. En la página siguiente se explica en detalle la receta. La carne está tierna y sabrosa, pero lo mejor es la salsa. Este es uno de esos platos para rebañar hasta la última gota.

Una idea

Si preparamos esta receta y no lo terminamos todo, hay una forma estupenda de aprovechar los restos. Se trata simplemente de deshuesar el conejo y servirlo dentro de unas tortas mexicanas (las típicas que se encuentran en cualquier supermercado). Esta presentación tan original y divertida puede ser un homenaje a la imaginación de mi madre inventando mil recetas con carnes de caza.

Ingredientes (4 personas)

· 1 conejo
· ½ cebolla
· 2 vasos de vino blanco
· 2 dientes de ajo
· 1 hoja de laurel
· 15 granos de pimienta negra
· c/s de aceite de oliva
· ½ litro de caldo de puchero (receta en la página 144)
· c/s de sal

Elaboración

■ Troceamos el conejo. Conviene que los trozos sean más o menos del mismo tamaño para que se cocinen a la vez. Calentamos aceite en una sartén grande y doramos los trozos, sin que lleguen a cocerse por dentro. Reservamos.

■ En el mismo aceite, echamos el laurel y el ajo picado fino. Antes de que el ajo se dore, añadimos la cebolla, picada también muy fina, y la fondeamos a fuego lento. Cuando esté dorada, añadimos el vino y dejamos que se reduzca a la mitad.

■ Echamos los trozos de conejo y los cocemos durante 25 minutos, añadiendo poco a poco el caldo. Salamos al gusto y servimos.

Mejillones tigre

El recuerdo

En mi casa todos ayudábamos en la cocina. Mi madre era la cocinera «oficial», pero mi padre se ocupaba de platos como las paellas, los espetos o las migas, yo ayudaba con los postres y, por supuesto, mi hermana también tenía sus especialidades. Es el caso de estos mejillones tigre. Le gustaba mucho prepararlos y lo cierto es que le salían muy bien.

El secreto

En realidad son unas croquetas de mejillón con concha incluida. El único truco es la bechamel, que queda mucho más sabrosa si le añadimos caldo de mejillones. De este modo nos queda una especie de *velouté* que debemos cocer lentamente para que se reduzca y concentre el sabor del molusco. Los tropezones de mejillón se deben añadir al final, con la *velouté* ya cocinada, para que conserven la intensidad de su sabor.

Ingredientes (50 unidades)

· 100 g de mantequilla
· 125 ml de leche
· 100 g de harina
· 500 g de caldo de mejillón o fumet rojo (receta en la página 119)
· 250 g de mejillón cocido
· c/s de nuez moscada
· c/s de sal
· c/s de pan rallado
· c/s de huevo para el empanado

Elaboración

■ Fundimos la mantequilla en una sartén y añadimos la harina. Cocemos bien sin dejar de remover. Añadimos la leche y el caldo, dejando que hierva durante al menos 20 minutos. Añadimos los mejillones bien picados, sal y nuez moscada al gusto.

■ Los retiramos del fuego y dejamos que se enfríe un poco.

■ Limpiamos muy bien las conchas de los mejillones y las rellenamos con la masa. Lo dejamos enfriar en la nevera.

■ Una vez fríos, empanamos los mejillones (pan rallado, huevo y de nuevo pan rallado) y los freímos a 180 °C.

Pimientos de piquillo rellenos de bacalao

La inspiración

Siempre he dicho que considero a Martín Berasategui mi maestro, así que en este libro no podía faltar una receta de cocina vasca como homenaje a este gran chef, buen merecedor de sus tres estrellas Michelin. Los pimientos de piquillo, que se producen en Lodosa (Navarra), son uno de los ingredientes característicos de esta gastronomía. Me encanta su sabor y su versatilidad, ya que pueden rellenarse de carne, merluza, gambas o, como en este caso, bacalao.

El truco

Este es, además, un plato que preparamos a menudo en mi familia desde que, durante mi etapa como alumno de la Escuela de Hostelería La Cónsula, en Málaga, me enseñaron un truco magnífico para prepararlo. Es muy simple y multiplica la intensidad del plato. Se trata de cocer el bacalao desalado en la misma leche que luego utilizaremos para hacer la bechamel. El resultado es una explosión de sabor en la boca desde el primer bocado.

Ingredientes (4 personas)

Para los pimientos rellenos:
· ½ kg de bacalao desalado
· ½ cebolla
· 1,150 l de leche
· 50 g de mantequilla
· 80 g de harina
· 12 pimientos de piquillo
· ½ puerro
· c/s de aceite de oliva
· c/s de sal, pimienta y nuez moscada

Para la salsa:
· 15 pimientos de piquillo
· ½ cebolla
· 1 litro de nata
· c/s de aceite de oliva
· 1 vaso de vino blanco
· c/s de sal

Elaboración

■ Desmigamos el bacalao y lo mezclamos con la leche fría. Calentamos poco a poco y lo dejamos hervir durante solo un minuto. Colamos y reservamos por un lado el bacalao y por otro la leche.
■ Picamos finamente la cebolla y el puerro. Fondeamos con la mantequilla en una olla. Añadimos la harina y cocemos durante siete minutos sin parar de remover para que no se pegue.
■ Añadimos la leche con sabor a bacalao y cocemos durante diez minutos. Apartamos del fuego, añadimos el bacalao desmigado y salpimentamos al gusto (ojo que el bacalao es muy salado).

- Trituramos y ponemos en una manga pastelera para rellenar los pimientos.
- Para hacer la salsa, fondeamos en una sartén la cebolla y añadimos los pimientos troceados. Echamos el vino blanco y reducimos a la mitad. Añadimos entonces la nata y dejamos reducir de nuevo a la mitad.
- Apartamos del fuego, trituramos, pasamos por un colador y rectificamos de sal.
- Emplatamos los pimientos y salseamos.

Leche frita de avellanas con limón

El recuerdo

Una tarde lluviosa de un domingo de invierno. Mi padre prepara tranquilamente leche frita. Yo, a su lado, le echo una mano y voy aprendiendo la receta. Este es un recuerdo mágico de mi infancia. La intimidad de la cocina, el olor de la canela y el limón, la complicidad entre los dos...

Esta es una receta lenta y laboriosa, para preparar sin prisas y disfrutando del proceso. Si no, mejor hacer otra cosa. Es un dulce típico del norte de España pero que se conoce y disfruta en todas las provincias. Forma parte del rico recetario tradicional de Semana Santa, pero yo, por las razones sentimentales que explico en el párrafo anterior, asocio este postre al invierno.

Mi nueva receta

Mi propuesta consiste en aumentar la cantidad de cortezas de limón que ponía mi padre y añadir praliné de avellanas. También podemos usar vainilla de verdad, sacada de la vaina, que tiene un aroma espectacular y mejora mucho este postre.

Ingredientes (4 personas)

· 1 l de leche
· Cortezas de limón
· Una rama de vainilla
· 75 g de azúcar
· 40 g de praliné de almendras
· 50 g de mantequilla
· 5 huevos enteros y 2 yemas de huevo
· c/s de harina y huevo para rebozar
· c/s de canela en polvo
· c/s de aceite de girasol

Elaboración

■ Mezclamos muy bien los huevos con el azúcar. Ponemos la leche a hervir con las cortezas de limón y la rama de vainilla, y la vertemos sobre los huevos, removiendo enérgicamente.

■ Lo ponemos de nuevo a hervir, sin parar de remover. Cuando esté burbujeando, añadimos el praliné. Cuando esté bien mezclado, echamos la mantequilla. Volcamos la mezcla en un recipiente de plástico (que no tenga demasiado fondo) y la dejamos enfriar.

■ Una vez fría, la cortamos en cuadraditos y pasamos por harina, huevo y harina otra vez. Freímos en aceite de girasol y espolvoreamos con canela.

El consejo de mi padre

Si congelamos la masa, podremos cortarla y freírla de una manera mucho más cómoda y sin que se nos rompa.

Arroz con leche al estilo de mi padre

Sin prisas

La leche frita y el arroz con leche eran los dos postres de invierno preferidos de mi padre. Ambos le salían muy buenos. Hay muchas formas de preparar este postre a base de arroz, pero el truco esencial siempre es el mismo: darle tiempo a la cocción y dejar que la leche se vaya reduciendo lentamente.

Vainilla y mantequilla

El arroz con leche es muy popular en infinidad de países. Se pueden encontrar versiones más o menos exóticas en países tan remotos como Malasia o Perú. Se le puede añadir limón, canela, leche condensada, azúcar quemado... A mí me gusta ponerle vainilla en rama, un ingrediente que considero clave en repostería. El aroma no tiene nada que ver con el de la vainilla en polvo. También es importante «mantecar» este postre, es decir, añadirle un poco de mantequilla al final de la cocción para tener un plus de cremosidad.

¿Frío o templado?

El arroz con leche suele comerse de ambas formas, según el gusto de cada uno. En mi caso, ya he comentado que no soy partidario de enfriar artificialmente los platos cuando no es imprescindible, de modo que lo prefiero a temperatura ambiente.

Ingredientes (8 personas)

· 2 litros de leche
· ½ litro de nata
· 110 g de mantequilla sin sal
· 1 rama de vainilla
· 225 g de azúcar
· 90 g de arroz

Elaboración

■ Hervimos la leche con la vainilla y el azúcar, de modo que se disuelva bien. Reservamos.

■ Ponemos el arroz en una olla y vamos añadiendo poco a poco la leche dulce, como si se tratara de un *rissotto*. Hay que remover sin parar y no dejar que el arroz se quede nunca seco.

■ Lo apartamos del fuego cuando se nos acabe la leche. Cuando se haya templado un poco, añadimos la mantequilla en dados y mezclamos bien.

La comida
de Navidad

Una fiesta en familia

Como sucede en todas las familias, en mi casa la Navidad era una ocasión para sentarnos juntos en torno a una mesa llena de exquisiteces. Al ser todos tan aficionados a la cocina, para nosotros la celebración empezaba días antes, con la confección del menú, la visita al mercado en busca de la mejor materia prima y las horas compartidas mientras preparábamos los platos entre todos.

Me encantaba acompañar a mi padre a comprar angulas en Trebujena, en el mítico bar El Litri, e ir con él a la pescadería para elegir el centollo más fresco. En mi memoria, estos recuerdos están tan estrechamente unidos a las Navidades de mi infancia como la cabalgata de Reyes o el momento de montar el belén en el salón.

Como buenos malagueños, solemos optar por un menú totalmente marinero. Para complementar las angulas y el centollo, productos con sabores muy intensos que demandan pocos adornos, propongo un riquísimo hojaldre de cigalas a la crema. Desde que aprendí a preparar hojaldres en la escuela de hostelería, siempre incluimos alguno en las celebraciones familiares.

Menú de aires marineros

El que propongo aquí es un menú para chuparse los dedos. Es raro el año en que no incluimos al menos uno o dos de estos platos en nuestra comida navideña:

- — Cazuela de angulas
- — Centollo frío de Marbella
- — Hojaldre de cigalitas a la crema
- — *Soufflé* al Cointreau

Cazuela de angulas

Ingredientes (4 personas)

· 400 g de angulas
· 2 dientes de ajo
· 2 guindillas
· c/s de aceite de oliva
· c/s de sal

Elaboración

■ Salamos las angulas y reservamos.

■ Ponemos un poco de aceite de oliva en una cazuela de barro (no mucha cantidad, solo un poco para que las angulas se impregnen). Laminamos los ajos y la guindilla y sofreímos en la cazuela.

■ Cuando el ajo empiece a bailar (moverse sobre el aceite caliente) añadimos las angulas, tapamos y retiramos del fuego. Dos minutos después estarán perfectas.

Centollo frío de Marbella

Ingredientes (4 personas)

· 1 centollo (preferentemente hembra)
· 1 chalota
· 1 huevo duro
· 80 g de jamón en taquitos
· 2 cucharadas de vino de Jerez
· perejil picado

Elaboración:

■ Cocemos el centollo. El tiempo depende del tamaño del centollo. Para comprobar si está bien hecho, recomiendo meter un palo de brocheta por la parte de atrás, entre el caparazón y las patas. Si está caliente por dentro es que está cocido. Un centollo de tamaño medio tarda unos 14 minutos en cocerse.

■ Separamos las patas del caparazón y sacamos con cuidado la carne del caparazón. Es importante hacer esto sobre un recipiente para aprovechar el jugo que caiga.

■ Emulsionamos con una batidora la carne del caparazón y el jugo que hayamos recogido. Si está muy fuerte podemos echar un poquito de agua. Añadimos la chalota picada, los tacos de jamón, el huevo duro picado y el vino de jerez.

■ Espolvoreamos con perejil y servimos como se aprecia en la foto, con las patas alrededor.

Hojaldre de cigalitas
a la crema

Ingredientes (4 personas)

· 1 plancha de hojaldre (de supermercado)
· 16 cigalitas
· 1 litro de nata
· 1 chorreón de brandy
· 1 vasito pequeño de vino oloroso
· c/s de mantequilla
· 1 chalota
· c/s de sal
· c/s de huevo
· c/s de perejil

Elaboración

■ Picamos la chalota y fondeamos con mantequilla. Añadimos las cigalas peladas y las salteamos. Añadimos el brandy y flambeamos.

■ Añadimos rápidamente la nata y el oloroso. Reducimos hasta que las cigalas estén en su punto y la salsa tenga una textura cremosa. Salamos al gusto y espolvoreamos con perejil.

■ Cortamos la plancha de hojaldre en rectángulos y pintamos con huevo batido. Cocemos en el horno siguiendo las instrucciones del hojaldre.

■ Disponemos una especie de emparedados con el hojaldre y las cigalas en crema, tal y como se aprecia en la foto.

Soufflé al Cointreau

Ingredientes (4 personas):

· 3 claras de huevo
· 50 g de azúcar
· 1 yema de huevo
· 25 g de maicena
· 50 g de crema pastelera (receta en la página 190)
· 1 chorrito de Cointreau

Elaboración

■ Montamos las claras a punto de nieve junto con el azúcar.

■ Mezclamos la crema pastelera con la yema de huevo y la maicena. Añadimos el chorrito de Cointreau.

■ Unimos todos los ingredientes y los mezclamos con cuidado para que las claras a punto de nieve no se desinflen.

■ Lo repartimos en moldes individuales de cerámica, tal y como se aprecia en la foto. Los llenamos hasta la mitad ya que luego subirá. Lo horneamos a 180 °C durante 15 minutos.

Tapas en casa

Un picoteo modernizado

En mi familia somos muy del Barça y siempre preparamos un picoteo especial las noches de partido. Conchas finas, chorizo, queso y gambas son algunas de las cosas que no pueden faltar en la mesa del salón cuando juega nuestro equipo. Mi propuesta consiste en modernizar el tapeo clásico de casa de mi madre con algunos toques sencillos y espectaculares.

Como buen malagueño, me gusta empezar con algún molusco típico de mi tierra, en este caso las conchas finas. Es un producto que me encanta y que incluyo casi todos los años en alguna receta de mi restaurante Calima. Simplemente con sal y limón están fantásticas, pero he elegido una receta un poco más original, que consiste en gratinarlas con una *persillé*.

En lugar de tomar los langostinos a la plancha, los serviremos sobre limas partidas por la mitad y con una mayonesa especiada. Y, también dentro del apartado marinero, unas gambas al pilpil que cobran otro aire gracias a unos tomates cherry y un poco de pimentón.

Las recetas clásicas

En el caso de otras tapas, prefiero repetir la preparación de mi madre punto por punto. Hay fórmulas de toda la vida que son muy difíciles de mejorar. Es el caso del pulpo a la plancha con limón, que bien hecho es insuperable. Como veis, en mi casa somos muy amantes de la cocina basada al 100% en la materia prima de calidad y aficionados a añadir limón a mansalva a los platos.

Otros platitos de siempre son los chorizos al infierno (que preparo muy a menudo para mis hijas) y la pasta de queso de Ronda en aceite, riquísima para untar en pan.

Conchas finas gratinadas con una *persillé*

Ingredientes (4 personas)

· 1 manojito de perejil
· 16 conchas finas
· 400 g de miga de pan fresco
· 4 dientes de ajo
· c/s de mantequilla
· c/s de sal
· c/s de pimienta
· c/s de zumo de limón
· 2 chalotas

Elaboración

■ Limpiamos muy bien las conchas finas. Como vamos a usar las cáscaras para presentarlas, las lavamos con cuidado y colocamos de nuevo el molusco en sus conchas ya limpias.

■ Picamos las chalotas muy finas, el ajo y el perejil. Mezclamos con la miga de pan. Reservamos.

■ Sazonamos las conchas finas con limón, sal y pimienta al gusto.

■ Cubrimos las conchas finas con la mezcla de miga de pan y ponemos encima unos daditos de mantequilla.

■ Gratinamos bajo una salamandra o en el horno hasta que la mantequilla se derrita y adquiera un color dorado.

Bígaros cocidos con lima

Ingredientes (4 personas)

· 250 g de bígaros
· 3 limas
· c/s de sal

Elaboración

- Lavamos los bígaros con agua abundante.
- Los ponemos a cocer en una olla con un poco de sal. Dependerá del tamaño de los bígaros, pero lo normal es que la cocción dure alrededor de 20 minutos.
- Sacamos los bígaros del fuego. Lo ideal es tomarlos templados, extrayéndolos de la concha con una aguja de coser o un mondadientes. Los servimos con la lima cortada en trozos para añadir zumo según el gusto de cada uno.

Pulpo a la parrilla con limón

Ingredientes (4 personas)

· 1 pulpo mediano
· 4 limones
· Sal al gusto

Elaboración

■ La cocción del pulpo es compleja. Debemos poner agua a hervir y «asustar» al pulpo al menos tres veces, metiéndolo y sacándolo del agua para que se vaya rizando y la piel no se resquebraje.

■ Dejamos cocer el pulpo hasta que esté en su punto. Lo sabremos cuando, al pinchar una de las patas, no notemos resistencia. En ese momento sacamos el pulpo de la olla y lo dejamos reposar a temperatura ambiente.

■ Una vez frío, troceamos el pulpo y lo doramos en una plancha. Lo salamos al gusto y echamos el zumo de limón por encima.

Pasta de queso en aceite

Ingredientes (4 personas)

· 250 g de queso curado
· 250 ml de aceite de oliva
· c/s de tostas de pan

Elaboración

■ Cortamos el queso en trozos y le añadimos el aceite de oliva. Lo dejamos reposar dos o tres días.

■ Trituramos el queso añadiendo poco a poco el aceite hasta que nos quede una pasta perfecta para untar (no es necesario usar todo el aceite, vamos valorando según la textura).

■ Preparamos las tostas, mucho mejor si son hechas en casa a la plancha.

Gambas al pilpil

Ingredientes (4 personas)

· 4 dientes de ajo
· 2 guindillas
· 250 g de gambas blancas frescas
· c/s de perejil
· c/s de sal
· c/s de aceite de oliva

Elaboración

- Fileteamos los ajos y los ponemos en una cazuela de barro. Añadimos el aceite y las guindillas y ponemos al fuego.
- Cuando los ajos empiecen a «bailar» en el aceite, añadimos las gambas previamente saladas. Cocinamos durante un minuto, apartamos del fuego y removemos antes de servir.

Chorizo al infierno

Ingredientes (4 personas)

· 4 chorizos (si puede ser, variedad Prolongo de Cártama)
· c/s de alcohol de quemar

Elaboración

■ Colocamos los chorizos en una cazuela de barro y les hacemos unas pequeñas incisiones.

■ Rociamos con alcohol de quemar hasta la mitad de la cazuela y le prendemos fuego. Debemos mover la cazuela para que los chorizos se doren por todos los lados.

Limas con langostinos y mayonesa especiada

Ingredientes (4 personas)

· 200 g de mayonesa
· 40 g de chipotle
· 8 langostinos
· 2 limas

Elaboración

■ El chipotle es un chile mexicano que hoy en día podemos encontrar fácilmente en el supermercado. Cogemos 40 gramos de la lata y lo trituramos junto con la mayonesa. Reservamos.

■ Cocemos los langostinos. Los troceamos y bañamos en mayonesa de chipotle. Guardamos en la nevera para que se enfríen.

■ Cortamos las limas por la mitad y las vaciamos un poco. Colocamos los langostinos en salsa en el hueco. Rematamos con un poco de ralladura de lima.

■ Esta tapa se come con tenedor, exprimiendo un poco la lima directamente en la boca para contrarrestar el picante de la sala.

Índice